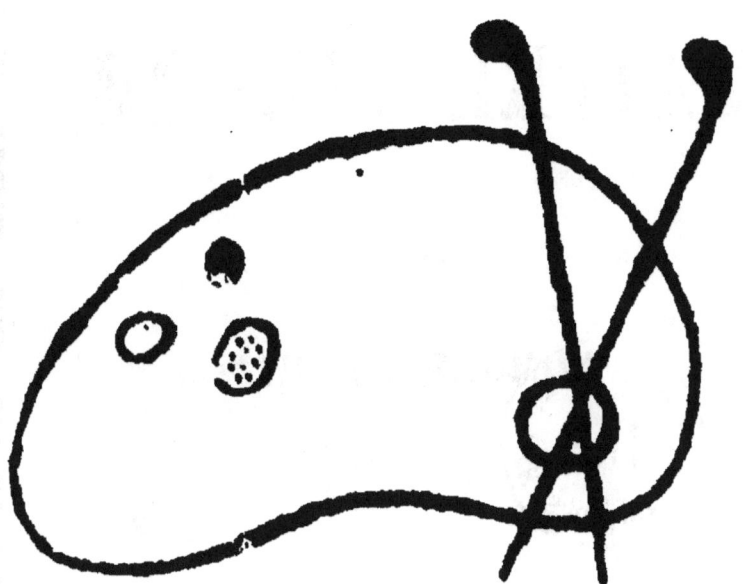

Début d'une série de documents
en couleur

BIBLIOTHÈQUE VARIÉE, 3ᵉ SÉRIE

MAÎTRE PIERRE

PAR

EDMOND ABOUT

DOUZIÈME ÉDITION

PARIS
LIBRAIRIE HACHETTE ET Cⁱᵉ
79, BOULEVARD SAINT-GERMAIN, 79

PRIX : 2 FRANCS

LIBRAIRIE HACHETTE ET Cⁱᵉ

ROMANS ET NOUVELLES

Format in-18 broché

SÉRIE À 3 FR. 50 LE VOLUME

About (Ed.) : *La Turco*, 8ᵉ édit. 1 vol.
— *Madelon*, 11ᵉ édit. 1 vol.
— *Les Mariages de province*, 8ᵉ édit. 1 vol.
— *La Vieille roche* :
  1ʳᵉ partie : *Le Mari imprévu*, 6ᵉ édit. 1 vol.
  2ᵉ partie : *Les Vacances de la comtesse*, 6ᵉ édit. 1 vol.
  3ᵉ partie : *Le Marquis de Lanrose*, 4ᵉ édit. 1 vol.
— *Le Fellah*, 6ᵉ édit. 1 vol.
— *L'Infâme*, 3ᵉ édit. 1 vol.
— *Le Roman d'un brave homme*, 55ᵉ mille. 1 vol.

Cherbuliez (V.) : *Le comte Kostia*, 15ᵉ édit. 1 vol.
— *Prosper Randoce*, 5ᵉ édit. 1 vol.
— *Paule Méré*, 7ᵉ édit. 1 vol.
— *Le Roman d'une honnête femme*, 12ᵉ édit. 1 vol.
— *Le Grand œuvre*, 4ᵉ édit. 1 vol.
— *L'Aventure de Ladislas Bolski*, 8ᵉ édit. 1 vol.
— *La Revanche de Joseph Noirel*, 5ᵉ édit. 1 vol.
— *Meta Holdenis*, 7ᵉ édit. 1 vol.
— *Miss Rovel*, 11ᵉ édit. 1 vol.
— *Le fiancé de Mlle Saint-Maur*, 5ᵉ édit. 1 vol.
— *Samuel Brohl et Cⁱᵉ*, 8ᵉ édit. 1 vol.

Cherbuliez (V.) (suite) : *L'idée de Jean Téterol*, 8ᵉ édit. 1 v.
— *Amours fragiles*, 4ᵉ édit. 1 vol.
— *Noirs et Rouges*, 8ᵉ édit. 1 vol.
— *La ferme du Choquard*, 6ᵉ édit. 1 vol.
— *Olivier Maugant*, 7ᵉ édit. 1 vol.
— *La Bête*, 8ᵉ édit. 1 vol.
— *La vocation du comte Ghislain*, 6ᵉ édit. 1 vol.
— *Une Gageure*, 7ᵉ édit. 1 vol.
— *Le secret du précepteur*, 6ᵉ édit. 1 vol.
— *Après fortune faite*, 2ᵉ édit. 1 vol.
— *Jacquine Vanesse*. 1 vol.

Darcy (G.) : *Andrée*, 6ᵉ mille. 1 vol.
— *Le Garde du corps*, 6ᵉ mille. 1 vol.
— *L'Unisson*, 12ᵉ mille. 1 vol.
— *Victoire d'âme*, 7ᵉ mille. 1 vol.

Enault (L.) : *Myrta*. 1 vol.
— *Un drame au Marais*. 1 vol.

Saintine (X.-B.) : *Le chemin des écoliers*, 4ᵉ édit. 1 vol.
— *Picciola*, 53ᵉ édit. 1 vol.
— *Seul*, 6ᵉ édit. 1 vol.

SÉRIE À 3 FR. LE VOLUME

Erckmann-Chatrian : *L'ami Fritz*, 13ᵉ édit. 1 vol.

Galdos (P.) : *Miséricorde*. 1 vol.

Pereda (J.-M. de) : *Sotileza*. 1 vol.

Tolstoï (comte) : *La guerre et la paix* (1805-1820). Roman historique traduit du russe. 7ᵉ édit. 3 vol.
— *Anna Karénine*, 3ᵉ édit. 2 vol.
— *Souvenirs*, 3ᵉ édit. 1 vol.

SÉRIE À 2 FR. LE VOLUME

About (Ed.) : *Trente et quarante.* — *Sapeloi.* — *Les parents de Bernard*, 46ᵉ mille. 1 vol.
— *Maître Pierre*, 19ᵉ édit. 1 vol.
— *Tolla*, 55ᵉ mille. 1 vol.
— *Germaine*, 65ᵉ mille. 1 vol.
— *Le Roi des montagnes*, 83ᵉ mille. 1 vol.
— *Les Mariages de Paris*, 84ᵉ mille. 1 vol.

About (Ed.) : *L'Homme à l'oreille cassée*, 55ᵉ mille. 1 vol.

Enault (L.) : *Histoire d'amour*. 1 vol.

Erckmann-Chatrian : *Contes fantastiques*, 7ᵉ édit. 1 vol.

Gérard (J.) : *Le tueur de lions*. 1 vol.

Joliet (Ch.) : *Mille jeux d'esprit*. 1 vol.
— *Nouveaux jeux d'esprit*. 1 vol.

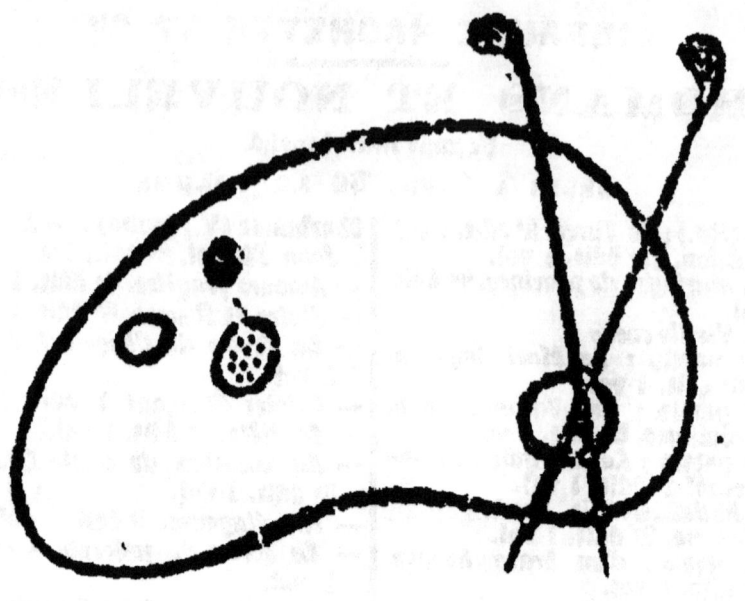

Fin d'une série de documents en couleur

8.Y.2
20060

MAÎTRE PIERRE

OUVRAGES DU MÊME AUTEUR
PUBLIÉS PAR LA LIBRAIRIE HACHETTE ET Cⁱᵉ

BIBLIOTHÈQUE VARIÉE

ALSACE (1871-1872); 8ᵉ édition. Un vol.
LA GRÈCE CONTEMPORAINE; 11ᵉ édition. Un vol.
    Le même ouvrage, édition illustrée, 4 fr.
LE TURCO. — LE BAL DES ARTISTES. — LE POIVRE. — L'OUVERTURE AU CHATEAU. — TOUT PARIS. — LA CHAMBRE D'AMI. — CHASSE ALLEMANDE. — L'INSPECTION GÉNÉRALE. — LES CINQ PERLES; 8ᵉ édition. Un vol.
MADELON; 11ᵉ édition. Un vol.
THÉATRE IMPOSSIBLE : Guillery. — L'Assassin. — L'Éducation d'un prince — Le Chapeau de sainte Catherine; 2ᵉ édition. Un vol.
L'A B C DU TRAVAILLEUR; 5ᵉ édition. Un vol.
LES MARIAGES DE PROVINCE; 9ᵉ édition. Un vol.
LA VIEILLE ROCHE. Trois parties qui se vendent séparément :
    1ʳᵉ partie : *Le Mari imprévu*; 6ᵉ édition. Un vol.
    2ᵉ partie : *Les Vacances de la Comtesse*; 5ᵉ édit. Un vol.
    3ᵉ partie : *Le marquis de Lanrose*; 4ᵉ édition. Un vol.
LE FELLAH; 6ᵉ édition. Un vol.
L'INFAME; 3ᵉ édition. Un vol.
LE ROMAN D'UN BRAVE HOMME; 55ᵉ mille. Un vol.

    Prix de chaque volume in-16, broché, 3 fr. 50.

GERMAINE; 65ᵉ mille. Un vol.
LE ROI DES MONTAGNES; 83ᵉ mille. Un vol.
LES MARIAGES DE PARIS; 83ᵉ mille. Un vol.
L'HOMME A L'OREILLE CASSÉE; 53ᵉ mille. Un vol.
TOLLA; 55ᵉ mille. Un vol.
MAITRE PIERRE; 12ᵉ édition. Un vol.
TRENTE ET QUARANTE. — SANS DOT. — LES PARENTS DE BERNARD; 40ᵉ mille. Un vol.

    Prix de chaque volume, broché, 2 francs.

FORMAT IN-8

LE ROMAN D'UN BRAVE HOMME. 1 vol. illustré de 52 compositions par *Adrien Marie*; broché, 7 fr.; — relié, 10 fr.
L'HOMME A L'OREILLE CASSÉE. 1 vol. illustré de 61 compositions par *Eugène Courboin*; broché, 7 fr.; — relié, 10 fr.
TOLLA. 1 volume petit in-4°, illustré de 10 planches hors texte, gravées sur bois d'après F. DE MYRBACH, d'un portrait de l'auteur d'après P. BAUDRY et de 35 ornements par A. GIRALDON, gravés sur bois et tirés en trois tons. Il a été tiré 900 exemplaires numérotés, dont 600 exemplaires sur papier vélin du Marais (301 à 900) avec deux planches hors texte. Prix, broché.................. 30 fr
TRENTE ET QUARANTE. 1. vol. in-8 jésus, contenant des dessins de *Vogel* et des ornements d'*A. Giraldon*, gravés à l'eau-forte typographique. Broché 40 fr. — Relié.................. 50 fr.

Coulommiers. — Imp. PAUL BRODARD. — 994-1900.

MAÎTRE PIERRE

PAR

EDMOND ABOUT

DOUZIÈME ÉDITION

PARIS
LIBRAIRIE HACHETTE ET Cie
79, BOULEVARD SAINT-GERMAIN, 79
—
1900
Droits de traduction et de reproduction réservés.

A MONSIEUR

J. CHAMBRELENT

INGÉNIEUR DES PONTS ET CHAUSSÉES.

Monsieur,

Lorsque j'ai eu l'honneur de vous rencontrer pour la première fois, j'étais un auteur inutile; du reste, enchanté de mon sort. Je contais des histoires en l'air, comme les mouches bourdonnent, et je ne me souciais de rien que de bourdonner agréablement. Vous m'avez montré dans les landes de Cestas le désert que vous avez rendu fertile. Tandis que j'admirais la prospérité de cette grande culture, vous avez écarté devant moi les voiles de l'avenir, et j'ai vu une population de cinquante mille paysans sauvés par le génie d'un homme. Alors j'ai formé le projet d'être bon à quelque chose, de faire entrer dans les esprits récalcitrants les grandes idées que vous avez mises en pratique, de prêcher avec vous dans le désert des landes communales, et d'imiter la mouche qui pique l'écorce des vieux arbres pour y déposer un œuf.

EDMOND ABOUT.

MAITRE PIERRE

I

BORDEAUX.

C'est par le plus grand des hasards que j'ai fait la connaissance de maître Pierre.

Tout me porte à croire que je n'aurais jamais entendu parler du bonhomme, ni de ses échasses, si j'étais venu à Grenoble par le chemin de Lyon, qui est assurément le plus court. Lorsque M. Ponsard et M. Émile Augier vont en visite dans le département de l'Isère, ils ne manquent jamais de passer par Lyon : c'est le chemin des académiciens. J'ai pris par Bordeaux et Marseille, comme un écolier : il en est de tout âge.

J'avais consulté les itinéraires et je m'attendais à perdre trois jours en route, mais je me trompais de toute une semaine. Comment prévoir que je rencontrerais maître Pierre, qu'il me promènerait dans les Landes de la Gironde, qu'il me dirait leur histoire et la sienne, et qu'il m'apprendrait du haut de ses échasses mille choses intéressantes dont je ne me doutais pas, ni vous non plus? Je ne regrette point le temps que j'ai passé dans sa compagnie. Ce que j'ai vu de plus curieux dans mon tour de France, c'est le désert des Landes et maître Pierre son prophète.

Le voyage commença sous les meilleurs auspices, car de Paris à Bordeaux je ne fis qu'un somme. Je m'endormis dans la gare de Paris, précisément à l'heure où Mme Ristori opérait sa rentrée au Théâtre-Italien. Chemin faisant, mes rêves furent interrompus quatre ou cinq fois par le cri des employés qui signalaient à notre admiration les principales villes de France. Orléans, Tours, Poitiers, Angoulême se ressemblent un peu, lorsqu'on les voit en se frottant les yeux, à la portière d'un wagon. Ces vieilles cités historiques présentent l'aspect uniforme d'un hangar neuf, planté sur des colonnettes de fonte, éclairé au gaz, et peuplé de casquettes brodées qui courent dans tous les sens.

Si j'ai vu quelque chose de plus à Bordeaux, c'est que j'étais descendu de voiture.

Je m'éveillai au bord d'un fleuve énorme, qui serait la parfaite image de la Tamise si les eaux de la Tamise étaient jaunes, ou si le limon de la Gironde était noir. Le pont qui joint les deux rives est long d'un demi-quart de lieue, mais on y voit courir moins de piétons et de voitures que sur le pont de Londres. Dès le premier pas, on pressent une ville grande et grandiose, mais qui n'est pas dans son plein. On pense à Versailles.

Bordeaux a six kilomètres de long et 150 000 habitants : beaucoup de place pour peu de monde. Ce n'est pas que tout le monde y respire à l'aise. Si l'herbe pousse dans les rues et sur les places de la ville neuve, on étouffe un peu dans les vieux quartiers. Les juifs, les petits marchands, les brocanteurs, les pileurs de drogues s'agitent pêle-mêle dans une ruche malpropre et malsaine ; leurs taudis s'alignent tant bien que mal le long des rues étroites et dépavées. On y voit encore bon nombre de ces maisons ventrues, bossues et vermoulues qui font les délices de l'archéologie romantique, et il suffit d'aller à Bordeaux pour se faire une idée du vieux Paris. Ces jours passés, un homme cheminait paisiblement, la casquette à la main, dans une de ces ruelles ; la corniche d'une maison se détacha en bloc et lui tomba sur la tête. Les témoins de l'accident ne firent qu'un cri d'effroi. Quant à la victime, elle secoua ses oreilles comme un chien mouillé, et poursuivit sa route. L'horrible masse qui l'avait foudroyée ne pesait pas beaucoup plus qu'une poignée de poussière. Grâce au travail des ans, ce n'était plus du bois, mais de l'amadou.

Dans la ville neuve, tout est vaste, rectiligne et

monumental. les rues, les places, les avenues, les esplanades, les constructions, rivalisent de splendeur avec ce qu'on admire à Paris. Le Grand-Théâtre, qui ne contient que 1200 personnes, a les dehors imposants d'un colisée, et un escalier que je souhaiterais à l'Opéra. Les cafés sont des monuments; j'ai vu un établissement de bains tout à fait monumental, avec un fronton pour les hommes et un autre pour les dames. Toutes ces grandeurs datent de Louis XV et de Louis XVI.

En ce temps-là, Bordeaux était une des capitales de la France; car nous en avions plusieurs, et tout ne tendait pas vers Paris. On ne voyait pas nettement, comme aujourd'hui, qu'une nation centuple ses forces en les concentrant. L'Orient avait commercé avec Marseille, et de Paris se souciait fort peu. Le Brésil, les Antilles et toute l'Amérique du Sud plaçaient la France à Bordeaux. Il y avait des liens plus étroits entre Bordeaux et Saint-Domingue qu'entre Bordeaux et Paris. Avec son territoire et son fleuve, ses vins, son port, ses chantiers, ses débouchés, Bordeaux croyait être en état de se suffire. C'est ce qui explique, sans l'excuser, l'erreur des députés de la Gironde. Ils n'auraient jamais songé à affranchir Bordeaux en le séparant de la capitale, s'ils avaient su que c'était affranchir un membre en le séparant du cœur.

Bordeaux est en progrès comme le reste de la

France. Sa population est plus nombreuse que sous Louis XVI; le mouvement du port, l'entrée et la sortie des navires, le chiffre des affaires, tout a augmenté. Cependant, la ville n'a pas gagné tout ce qu'elle se promettait. Les vastes constructions élevées sous Louis XVI dans l'attente d'un peuple immense ne se sont pas remplies; il reste des vides à combler, tandis que le Havre, qui n'était rien il y a cinquante ans, fait craquer ses murailles trop étroites. Les chantiers du Havre construisent presque autant de navires que ceux de Bordeaux. En 1856, Bordeaux a chargé et déchargé un million de tonneaux; le Havre, deux. Aussi les Bordelais, lorsqu'ils se comparent à leurs rivaux, s'accusent de décadence. Ils croient marcher en arrière, parce que l'on court à côté d'eux. C'est une erreur d'optique assez difficile à éviter. Quand deux trains marchent parallèlement sur un chemin de fer avec une vitesse inégale, les voyageurs qui avancent moins vite s'imaginent qu'on les traîne à reculons.

Pourquoi le Havre a-t-il laissé Bordeaux derrière lui? Pour bien des raisons. Parce que le Havre est plus près de Paris; parce que nous commençons à fréquenter l'Angleterre; parce que l'Amérique du Nord a pris le pas sur l'Amérique du Sud; peut-être aussi parce que le Havre se pousse et que Bordeaux se laisse aller. Les villes ont leurs jours d'abandon et de découragement, comme les hommes.

Il est certain que le peuple et la municipalité de Bordeaux ont échappé à cette fièvre de progrès, cette rage de mieux qui, depuis quelques années, possède la France entière. On ne voit pas de communes qui ne soient travaillées d'une ambition louable, qui n'élèvent des établissements d'utilité ou de dignité publique, qui ne s'imposent, qui n'empruntent, pour se parer, s'étendre ou s'assainir. Paris donne le branle, et tout suit. Les revenus de Bordeaux sont de 600 000 fr. au-dessus de ses dépenses, mais les honorables négociants qui forment le conseil municipal administrent le bien de tous comme le leur, avec une étroite économie. Un ministre leur demandait, ces temps passés : « Qu'avez-vous fait en quatre ans ? — Excellence, répondirent-ils, nous avons aligné la rue Sainte-Catherine. »

Je connais peu de grandes villes qui ne fassent marcher de front le commerce et l'industrie. Ce n'est pas tout de vendre et d'acheter, il faut produire. Bordeaux est resté une ville exclusivement commerciale. On y voit ouvrir et fermer des ballots ; on n'y respire pas la fumée des manufactures. Les produits que la Gironde a envoyés à l'Exposition de 1855 annoncent quelques velléités d'industrie ; mais tout reste à faire, ou peu s'en faut. Les Bordelais n'excellent que dans les constructions des navires et la fabrication des vins. Un constructeur de Bordeaux, M. Arman, vient d'inventer un système de charpente qui, en mariant le bois et le fer, diminue le poids des bâtiments, augmente le tonnage et simplifie les réparations.

Les fabricants de vins de Bordeaux n'affichent pas leur industrie comme ces naïfs manufacturiers de Cette qui écrivent sur leur enseigne : « Fabrique de vin de Madère et d'absinthe suisse. » Cependant on assure que les gros vins de la Charente viennent de Bordeaux chercher un baptême qui en quadruple la valeur. On les revend sous une autre marque au propriétaire qui les a fournis, et voilà comme le vin de Bordeaux gagne à voyager.

Bordeaux n'est pas seulement une ville de commerce : c'est aussi une ville de plaisir. Il est à remarquer que les directeurs de théâtres se ruinent à Rouen et font fortune à Bordeaux. Affaire de climat, et de race surtout. La population de Bordeaux est un des plus jolis échantillons de la nation française. Les femmes ont plus de physionomie que de fraîcheur : mais avec de beaux yeux, de beaux cheveux et des dents blanches, on est toujours bien. Les hommes ont le regard vif, l'esprit éveillé, la parole brillante : ils aiment à s'habiller, à se montrer et à s'ébattre. Ils s'occupent peu de littérature, excepté de la littérature dramatique ; et les arts, sauf la musique, les laissent assez indifférents. La comédie les séduit moins que l'opéra, et l'opéra que le ballet. Les plaisirs qu'ils préfèrent ne sont pas les plus élevés, mais les plus vifs.

On a toujours spéculé à Bordeaux, comme dans toutes les villes de commerce, mais il y a peu de temps qu'on y spécule sur les fonds publics. C'est depuis sept ou huit ans, pas davantage, que les Bordelais s'occupent de la hausse et de la baisse et s'intéressent à la marée du trois pour cent. Des hommes tout jeunes se rappellent encore l'époque où les charges d'agent de change n'y valaient pas beaucoup plus de trois cents francs; elles en valent aujourd'hui bien près de trois cent mille. On rencontre devant le café de Bordeaux, sur la place du Théâtre, une ribambelle de garçonnets en guenilles qui vendent des allumettes de cire en rêvant au passage de l'Opéra, aux marchés à terme et aux millions gagnés facilement.

Un voyageur enthousiaste écrivait, il y a cent un ans :

« Si vous voulez avoir le tableau de l'abondance, cherchez-le à Bordeaux. A Paris, peu de gens jouissent; le reste n'a de jouissance que l'imitation et la société artificielle de ceux qui jouissent. A Bordeaux, vous trouvez une abondance facile, une abondance généralisée, celle qui en donne le sentiment à toute sorte de spectateurs : on dirait que le Pactole y coule, et coule pour le peuple. »

Il ne manque presque rien à ce tableau. Cependant je regrette de n'y pas voir les fils des échevins jouant au petit palet avec des rubis et des émeraudes.

Bordeaux, tel que je l'ai vu le 3 avril 1857, ne ressemblait pas précisément au pays d'Eldorado; mais les ouvriers charpentiers y gagnaient en moyenne 9 francs par jour, et l'on y rencontrait assurément beaucoup moins de mendiants et de frères quêteurs qu'en l'an d'abondance 1756.

Je fis le tour de la place en un jour : on a bientôt tout vu dans un pays où l'on ne connaît personne. Je rentrais à mon hôtel pour plier bagage, lorsque je tombai dans les bras d'un ami. La France est si petite ville, qu'on se trouve partout en pays de connaissance.

Le jeune homme qui m'arrêta sur le seuil de ma porte avait quitté Paris depuis deux ans. Nous avions fait nos premiers pas dans des sentiers parallèles ; nous avions été refusés le même jour par un comité de lecture, et le malheur établit entre les hommes des liens qui ne se rompent jamais.

Mon ami me conta qu'il s'était fixé à Bordeaux et qu'il y dirigeait un grand journal quotidien. Il se mit à ma disposition de fort bonne grâce et offrit de me montrer la ville en détail.

« Grand merci, lui répondis-je. Je suis débarqué de ce matin, et il me semble bien que j'ai tout vu.

— Avez-vous pris un bateau pour faire le tour du port?

— C'est par là que j'ai commencé, mais j'aurais

pu m'en abstenir. Le port de Bordeaux est une troisième édition de la Tamise à Londres et de la Corne d'or à Constantinople.

— Vous avez vu le Grand-Théâtre?

— J'en sors. La salle est riche et parfaitement distribuée. Ce système de balcons est fort ingénieux. Votre directeur a monté *le Prophète* avec un grand luxe : j'ai compté tout près de deux cents personnes sur la scène. Or, je me souvenais d'avoir vu à Strasbourg le divertissement de *Robert le Diable*, dansé par quatre nonnes et une abbesse. L'incendie du cinquième acte m'a paru mieux réussi même qu'à l'Opéra. Le rideau tombe moins vite; on voit crouler le palais et pleuvoir les poutres enflammées.

— Et notre musée, qu'en pensez-vous?

— Ce qu'on pense de tous les musées de province. Il y a de bons tableaux, mais perdus dans la foule des mauvais. Quand le public y met les pieds par accident, il ne sait où poser son admiration, et il s'extasie presque toujours à faux. Voilà pourquoi la province a mauvais goût. Il serait bon d'établir partout, comme on l'a fait à Paris, un salon carré, réservé aux chefs-d'œuvre. Il serait bon d'inscrire sous chaque bordure une date et un nom d'auteur. Il serait bon de classer tous les ouvrages suivant les écoles; enfin, il serait à désirer qu'un tableau de M. Delacroix ne tournât pas le dos à la lumière. En sortant du musée j'ai vu l'hôpital et le palais de justice. On a raison de citer votre hôpital parmi les mieux construits et les mieux distribués. Le palais est précédé d'un péristyle dorique parfaitement étudié et qui fait honneur à l'architecte. La salle des pas perdus laisse à redire; mais j'ai vu avec plaisir que la foule ne s'y pressait pas. Les procès deviennent rares à mesure que les idées s'élargissent, qu'on sait le prix du temps, et que la jurisprudence s'établit.

— Nous avons la tour Saint-Michel.

— Oh! je n'ai pas manqué d'y faire une visite. Je suis devenu un touriste attentif et scrupuleux depuis le jour où, voyageant en Normandie pour étudier les monuments gothiques, j'ai traversé la ville de Coutances sans m'apercevoir qu'il y avait une cathédrale. J'ai donc vu la tour Saint-Michel. C'est un charnier plus hideux que les autres, grâce à une cinquantaine de squelettes qui ont gardé un peu de peau sur les os. Le guide qui m'a éclairé de sa chandelle et de son érudition explique que tous ces corps ont été conservés par la nature du terrain où on les avait ensevelis. Au XIIe siècle, ce phénomène aurait passé pour un miracle, et l'on aurait brodé de belles légendes sur chacun de ces magots décharnés. Les modernes ont moins d'imagination, et le récit du gardien manque de poésie. Suivant l'état des corps et les grimaces des visages, on a trouvé dans ces horribles reliques un officier tué en duel, un portefaix écrasé par ses crochets, une famille empoisonnée par des champignons, et un enfant enterré tout vif. Pauvres inventions, et peu dignes de remplir une tour aussi pittoresque que la tour de la Faim !

— Allons, dit poliment mon interlocuteur, je crois que vous avez tout vu, et assez bien vu. Raison de plus pour que je vous retienne ici, car j'ai encore quelque chose à vous montrer.

— Et quoi donc ?

— Nos Landes. »

J'alléguai que j'étais pressé, qu'on m'attendait à Grenoble, que j'avais à écrire un volume de mariages. D'ailleurs, je connaissais les landes de Bretagne, et c'est un genre de culture qui se ressemble partout. Il insista : « Vous ne savez pas, me dit-il, que vous êtes dans le département le plus curieux de France. Nous avons, au nord de la Gironde, des terrains d'une fécondité miraculeuse, où l'on ramasse les millions dans des paniers. Au midi, c'est un désert de sable où les hommes marchent sur des échasses, où l'on voit des phénomènes de mirage comme dans le Sahara, où l'on fait la pêche aux canards, où l'on chassait naguère encore le taureau et le cheval sauvages. On y voit des montagnes qui marchent, des villages ensevelis sous le sable, des marais qui produisent la peste, et des étangs où la tempête est plus terrible qu'en pleine mer. Tout cela ne vaut-il pas qu'on se dérange? D'ailleurs la lande commence aux portes de Bordeaux, et l'on peut la parcourir en trois ou quatre jours. Enfin, sachez qu'il n'est pas de pays plus à la mode. Cette pauvre terre, abandonnée pendant longtemps comme un malade incurable, a trouvé des médecins. Il n'y a pas une âme dans le département qui ne s'occupe des landes. Chacun fait sa brochure sur les landes : ingénieurs, négociants, propriétaires, et à plus forte raison journalistes, taillent leur meilleure plume pour donner leur avis. C'est une consultation où tout le monde parle à la fois, et cependant on n'est pas loin de s'entendre. Les grands capitalistes accourent au bruit; les terres les plus incultes sont en hausse; ce n'est pas les acheteurs qui manquent mais les vendeurs. On vous en parlera à Paris, soyez-en sûr, et voyez un peu ce qu'on penserait de vous, si vous étiez réduit à confesser votre ignorance ou votre indifférence? »

Je m'avouai vaincu, et je dis à mon ami : « Nous partirons demain si vous voulez.

— Non, dit-il, j'ai mon journal à faire. Qui est-ce qui raconterait l'inauguration du chemin de fer de Toulouse, si j'allais courir les champs pendant trois jours? Il faudra que vous partiez sans moi.

— Seul?

— On n'est jamais seul dans les Landes. Vous

n'arriverez pas à quatre lieues de Bordeaux, que maître Pierre vous aura rejoint pour se cramponner à vous. Il est impossible de trouver un guide mieux informé. Maître Pierre est l'homme de la lande, ou plutôt c'est la lande faite homme. Il est né sous un ajonc, et il a couché plus de trente ans sur un lit de bruyères. Berger, pêcheur, chasseur, bûcheron, résinier, terrassier, laboureur et même arpenteur, il est tout, peut tout et sait tout, excepté lire et écrire. A vingt ans, il adorait la lande telle que Dieu l'a faite; il ne connaissait rien de plus beau, il ne voulait pas qu'on y touchât du doigt; il était homme à faire un mauvais parti aux défricheurs. Un événement qu'il vous contera lui-même a changé toutes ses idées. Figurez-vous un trappeur, un chasseur de daims, un Bas-de-Cuir métamorphosé en pionnier. Du haut de ses échasses, dont il ne se sépare jamais, il domine tout le pays des Landes, présent partout, toujours courant, frappant à toutes les portes, conseillant les travailleurs, gourmandant les paresseux, louant ses bras à celui-ci, prêtant son expérience à celui-là, jetant par intervalles un regard sur Bordeaux, surveillant la venue des étrangers curieux ou savants pour les prendre au collet et les convertir à son système. On ne peut pas dire qu'il ait rien inventé de nouveau, mais il a comparé, digéré et concilié les idées de progrès éparses dans tous les bons esprits. Il a fait mieux:

Il a prêché d'exemple. Vous verrez les défrichements qu'il a su faire sans autre capital que ses deux bras. Cet enfant du hasard, ce vagabond sans feu ni lieu a trouvé le secret que les grandes compagnies agricoles du XVIII° siècle avaient cherché en vain. Sur le même sol qui a dévoré tant de millions imprudents, il récoltera un beau jour vingt-cinq mille francs de rente. C'est alors qu'il s'achètera des mouchoirs de poche et beaucoup d'autres futilités dont il n'a pas encore senti le besoin. Peut-être aussi prendra-t-il le parti d'épouser Marinette, et de dénouer sous un toit le roman nomade de sa jeunesse. Si ce jour-là vient à luire, je vous réponds que tous les habitants des grandes et petites landes accourront à la noce, avec leurs femmes et leurs enfants.

— Pardon. Qu'entendez-vous, s'il vous plaît, par Marinette?

— C'est à moi de vous demander pardon. Je croyais que vous deviez la connaître, et j'oubliais que vous êtes débarqué ce matin. Marinette est une jolie fille et un grand problème. Elle fait battre les cœurs de deux départements, et il n'a tenu qu'à elle d'épouser des messieurs; mais elle reste fidèle à maître Pierre. Il lui a sauvé la vie; elle l'a conquis à la civilisation, comme la reine Clotilde convertit le sanguinaire Clovis. Cependant elle n'est ni sa sœur, ni sa fille, ni sa femme, ni sa maîtresse: elle est son ombre, si vous voulez. Leurs échasses sont de même longueur; ils marchent tous deux du même pas; c'est-à-dire qu'ils sont capables de suivre un cheval au trot. Depuis tantôt douze ans, ils ont vécu ensemble nuit et jour, sans que personne y ait trouvé à redire. Lorsqu'on voit passer le béret rouge, on sait que le foulard jaune n'est pas loin. Vous ne les rencontrerez pas l'un sans l'autre.

— Mais où les rencontrerai-je? car enfin je ne peux pas m'aventurer tout seul dans vos déserts.

— Je m'informerai demain matin, et si vous voulez bien déjeuner avec moi, je vous donnerai l'adresse de maître Pierre. »

II

LA CANAU.

Le lendemain, j'avais rendez-vous pour dix heures au café de Bordeaux. Le café de Bordeaux est à Bordeaux ce que le café de Paris était jadis à Paris.

En attendant l'heure du déjeuner, j'entrai chez un libraire et je demandai les dernières publications relatives à la culture des Landes. On m'offrit un ballot de livres et de brochures dont l'énormité me fit honte et peur en même temps. Quoi! disais-je en moi-même, j'ai failli passer étourdiment devant une question si importante, comme autrefois devant la cathédrale de Coutances! L'expérience est donc inutile aux hommes? Eh! que deviendrons-nous, grands dieux! si nous ne savons pas profiter de nos propres fautes?

Vous le dirai-je encore? il me fâchait un peu d'avoir tant de choses à lire, et je ne me sentais que médiocrement rassuré. Je parcourais d'un regard inquiet les titres divers que le marchand avait étalés devant moi : *Les Landes de Gascogne : routes et canaux;*

Assainissement et culture forestière des Landes de la Gironde;

L'amélioration des Landes de Gascogne et la loi sur les dunes;

A messieurs les membres du conseil général de la Gironde;

Notes sommaires sur les Landes de la Gironde;

De la loi projetée sur la mise en valeur des Landes de Gascogne, etc., etc.

Avouez qu'on s'effrayerait à moins. Je demandai au marchand s'il était nécessaire de tout lire? Il ne me fit pas grâce d'une demi-page. Cinq ou six bourgeois de Bordeaux qui étaient venus perdre un quart d'heure dans la boutique m'assurèrent unanimement qu'ils avaient lu tout cela et bien autre chose encore. Ils m'apprirent que les grands journaux du département remplaçaient les discussions oiseuses de la politique par un dialogue animé sur la culture des Landes, et que tel rédacteur avait consacré jusqu'à soixante articles à cette éternelle question, sans fatiguer ses abonnés ni lui-même.

Un de ces messieurs, qui me parut manquer d'indulgence, s'étonna qu'un homme de mon âge pût ignorer une question que tout le monde connaissait si bien. Il assura que je devais venir de loin, de quelque pays perdu, peut-être de Paris ! La sévérité de son langage me piqua au vif, et je répliquai sèchement : « Monsieur, je suis peut-être aussi ignorant que vous le dites ; mais, dans tous les cas, je ne le serai pas longtemps, car je dîne ce soir en pleine lande avec maître Pierre. »

Là-dessus, on me fit voir que maître Pierre était un homme vraiment célèbre, car on se mit à le louer et à le blâmer sans mesure, et tous les assistants parlèrent à la fois. L'un vanta sa science et son activité, l'autre en fit un vagabond d'une ignorance crasse. L'un exalta les services qu'il avait rendus, et l'autre prétendit qu'il avait perdu la Lande. On m'apprit qu'il était très-riche et qu'il n'avait pas un sou, qu'il était très-égoïste et très-bienfaisant, qu'il servait de père à la jolie Marinette et qu'il l'avait honteusement séduite. Je ne savais auquel entendre, et je pensais, en regardant le ballot du libraire : Pourvu que les brochures de ce pays-ci s'accordent mieux que les habitants ! On me conta, pour m'achever, que maître Pierre était capable de tous les crimes, et qu'il avait incendié une forêt dans le voisinage de Dax. Enfin, le mauvais plaisant qui s'était scandalisé de mon ignorance, nous montra sans sourciller que maître Pierre n'existait pas ; que c'était un être mythologique, une personnification du pays des Landes. Il développa ce paradoxe, et l'appuya d'un raisonnement suivi, dans le goût des sceptiques allemands :

« Maître Pierre, nous dit-il, symbolise le sol ingrat de nos déserts, ou plus particulièrement cette couche pierreuse connue sous le nom d'*alios* qui s'étend à un demi-mètre au-dessous du sol. On lui donne pour compagne une fille brune, maigre et assez jolie, du nom de Marinette : c'est une figure qui représente la terre des Landes, maigre, noire, et cependant assez belle au printemps. Marinette est un nom très-répandu aux environs de Bordeaux, et c'est chez nous que Molière l'a pris. On la coiffe d'un foulard jaune pour représenter la fleur des ajoncs qui dore la terre. On donne à maître Pierre un béret rouge : c'est la couleur de l'*alios*. On leur prête à chacun une paire d'échasses pour indiquer que, sans échasses, ni homme ni femme ne pourrait circuler dans le pays. La vie de maître Pierre, telle qu'on la raconte, est divisée en deux périodes : l'une de chasse, de pêche et de pâture nomade, l'autre de défrichement et de culture. Qui ne reconnaîtrait sous un symbole si transparent les deux âges de nos Landes? Enfin, sachez que plusieurs personnes dignes de foi ont parcouru le département d'un bout à l'autre sans pouvoir mettre la main sur maître Pierre; que les hommes sérieux n'en tiennent aucun compte, et que son nom, qui court dans toutes les bouches, n'a pas été imprimé une fois dans les livres. »

Je ne sais ce qui fut répliqué, car la pendule

sonna dix heures et le déjeuner m'attendait. Je ne pris pas un seul de ces livres où l'on avait omis le nom du pauvre Pierre. Je m'intéressais déjà vivement à ce héros controversé, que ses contemporains traitaient avec trop peu de justice, et dont on niait même l'existence.

Mon amphitryon me dit en m'abordant : « Vous jouez de bonheur. Maître Pierre est à La Canau. Il vous montrera du même coup l'Océan, les dunes, les étangs, les marais et les Landes.

— C'est bien loin ?

— Quarante et quelques kilomètres. Mais La Canau est plus près de Bordeaux que bien des villages qui sont à trois lieues d'ici. Vous avez une route empierrée, chose rare, et un fiacre peut vous mener en quatre heures. »

Je lui contai ce que j'avais entendu chez le libraire : il sourit. « Ce soir, dit-il, vous verrez l'homme. Vous lui frapperez dans la main, et vous reconnaîtrez que les symboles n'ont pas les os si durs. Mais commencez par déjeuner à fond, car l'aubergiste de La Canau n'est pas précisément un cordon bleu. Vous avez bien fait de laisser les livres : vous les lirez avec plus de profit au retour, après avoir vu. En attendant, feuilletez maître Pierre ; il ne s'en plaindra pas, ni vous non plus. »

Il voulut lester mon estomac comme pour un voyage au long cours, alléguant que c'était un principe d'hygiène landaise. Le fait est que les habitants des Landes, lorsqu'ils ont de quoi manger, s'emplissent volontiers jusqu'à la bouche pour fermer la porte au mauvais air.

Midi sonnant, j'escaladai le marchepied d'un de ces énormes carrosses qui sont les fiacres de Bordeaux. Les chevaux étaient deux bêtes imposantes, de la taille des chevaux du Carrousel. Et je sortis de cette ville monumentale, emporté par un monument.

Le soleil était chaud, le vent frais; un joli temps d'avril. Les bouchons se balançaient à la porte des guinguettes; les lilas en boutons se dressaient derrière le mur des jardins; les pelouses vertes souriaient au passant à travers les grilles; on distinguait çà et là, dans un massif de marronniers ou de tilleuls, quelque monument de campagne, consacré aux plaisirs d'un négociant bordelais. Dans l'enclos des blanchisseuses, le long des grandes cordes mal tendues, les serviettes flottaient comme des étendards et les chemises se gonflaient au vent.

Après une heure de banlieue, au sortir du village de Saint-Médard, je sentis pour la première fois l'odeur pénétrante des pins maritimes. La route courait droit à l'Océan, sans détour, ni montée ni descente, comme un ruban gris tendu en ligne horizontale. Je traversai, trois heures durant, au grand trot de mes deux grands chevaux, une plaine merveilleusement unie et monotone, sans un seul accident de terrain. Deux fossés pleins d'eau suivaient la route à droite et à gauche. Il me fut impossible de distinguer si cette eau était courante ou stagnante, tant elle coulait lentement. Les terrains qui bordent les fossés sont cultivés avec assez de soin. Le reste du pays, à perte de vue, est une lande rase, entrecoupée de quelques bouquets de pins. Les ajoncs fleurissaient partout, excepté dans les marécages où la terre trop humide les avait tués. On voyait miroiter çà et là de grandes flaques d'eau jaune. De temps en temps, on rencontrait un troupeau de moutons rabougris, gros comme des agneaux de deux mois. Derrière eux, un berger, monté sur de longues échasses, marchait comme un héron, en tricotant des bas.

Longtemps avant d'arriver à La Canau, j'aperçus à l'horizon un rang de montagnes rondes dont les cimes se découpaient en festons sur le ciel bleu. C'est la chaîne des Dunes, qui sépare la Lande de l'Océan. Vues d'un peu loin, les dunes boisées paraissent noires, les autres montrent un sable jaune et presque blanc.

Bientôt l'état des cultures qui bordaient la route me fit comprendre que le village n'était plus loin. Je vis de beaux seigles, des blés passables, et même une prairie artificielle semée en trèfle rouge. Un instant après, je distinguai un étang à ma gauche et un clocher à ma droite. Le village était caché dans les arbres; la verdure ne manquait point aux environs, et quelques vaches éparses dans les roseaux donnaient à ce coin des Landes un faux air de Normandie.

Quand le fiacre eut dépassé les premières maisons, je regardai de tous mes yeux par toutes les portières, si mon héros et sa compagne n'accouraient pas au-devant de moi. J'étais sûr de les deviner au premier coup d'œil comme de vieilles connaissances. Mais je descendis dans la cour de l'auberge avant d'avoir rencontré personne qui leur ressemblât. L'hôtelier vint m'ôter son bonnet; je ne lui demandai ni chambre ni souper; je le priai de me servir maître Pierre.

Il répondit en homme que la demande n'étonnait pas : « Vous venez donc voir les curiosités du pays? Nous vous trouverons maître Pierre. Il était ce matin chez nous pour soigner une vache malade. On l'a fait demander à la fabrique de M. Tessier pour raccommoder quelque chose : voulez-vous que je l'envoie chercher?

— Non, lui dis-je, faites-moi conduire : j'y vais moi-même. »

On me conduisit à la fabrique de M. Tessier, et une forte odeur de térébenthine m'apprit dès l'entrée ce qu'on y préparait. Un contre-maître fort poli vint au-devant de moi et offrit de me montrer l'établissement, depuis les alambics où l'on distille la résine jusqu'aux jarres où l'on conserve l'essence. En toute autre occasion, une offre si obligeante eût alléché ma curiosité, mais je n'avais des yeux que pour chercher maître Pierre.

« Il sort d'ici, me dit le contre-maître, mais je pense que vous le trouverez au moulin. »

J'y courus. Le meunier me renvoya aux charbonniers qui travaillaient dans un bois du voisinage. Les charbonniers me conduisirent à la forge ; un forgeron m'assura que maître Pierre était à sa pêcherie, dans les marais. Un marinier m'y transporta dans sa barque, à travers un dédale de petits chenaux qui sont des sentiers aquatiques tracés dans les joncs et les herbages. J'en fus pour ma promenade. Les filets étaient levés, mais les pêcheurs étaient partis. Mon marinier me montra du doigt une petite voile qui filait sur l'étang dans la direction des dunes. « Les voilà, me dit-il ; je reconnais le bateau : j'ai aidé maître Pierre à le construire. Ils coucheront ce soir au *Moustique*.

— Et quand reviendront-ils ?

— Qui le sait ? Peut-être demain, peut-être dans un mois. On les retient tant qu'on peut, mais on ne les a jamais autant qu'on voudrait. Malheureusement, il n'y a que le bon Dieu qui puisse être partout à la fois.

— Ils sont donc bien aimés dans le pays ?

— Monsieur, quelqu'un qui serait curieux de mesurer la profondeur de nos étangs n'aurait qu'à dire du mal de maître Pierre. Il irait voir la tête en bas si c'est fond de vase ou fond de cailloux. »

Le brave homme se mit en devoir de me raconter ce que maître Pierre avait fait pour lui, et pour son voisin, et pour la commune, et pour tout le pays des Landes; mais je profitai peu de ce qu'il me dit. Mes oreilles étaient distraites ; j'étais las d'avoir couru de Caïphe à Pilate, je comparais mon expédition à la chasse au chastre, je me sentais mystifié par le hasard, je regrettais ma journée perdue, je songeais que mon fiacre était retourné à Bordeaux ; une fraîcheur humide tombait avec la nuit sur mes épaules; j'avais faim, j'avais sommeil, et une nuée de moustiques fraîchement éclos plantaient simultanément leurs trompes aiguës à travers toutes les coutures de mon habit. Je revins fort maussade à l'auberge de La Canau. On me servit une soupe aux anguilles, suivie d'un plat d'anguilles, et je me couchai dans un grand lit à baldaquin dont la courte-pointe, exécutée d'après je ne sais quels tableaux de Le Brun, représentait cinq ou six apothéoses.

Je rêvai que La Canau était une ville aussi grande que Bordeaux, et qu'on y célébrait l'apothéose de maître Pierre. Le héros de la fête s'avançait sur ses échasses et sous la perruque de Louis XIV pour être admis au rang des dieux. Cet attirail inusité m'inspira je ne sais quelle réflexion malsonnante, et le peuple me prit par les jambes pour me jeter au fond de l'étang, la tête la première. Cependant, comme on ne voulait pas attrister la cérémonie, je fus déposé provisoirement dans un cachot humide où les anguilles rampaient par milliers. J'étais fort occupé à défendre mes jambes lorsqu'on frappa deux coups secs à la porte.

« Entrez ! » criai-je en m'éveillant.

La porte s'ouvrit, je me frottai les yeux, et je vis un petit homme très-brun qui tenait un béret rouge à la main. Je le reconnus d'emblée, quoiqu'il n'eût pas ses échasses, et je m'écriai avec une joie bien naturelle :

« Maître Pierre !

— Lui-même, monsieur, et tout à votre service.

— Diable d'homme, allez ! vous ne savez pas le tracas que vous m'avez donné. Et Marinette ?

— Elle nous attend à la cuisine, et je vous la présenterai quand vous serez habillé. »

Je ne me le fis pas dire deux fois, je sautai dans un pantalon, et ma toilette fut bientôt finie. Maître Pierre me fit entrer dans la cuisine. Une petite brune aux yeux vifs se leva à notre approche, et fit une révérence qui n'était pas maladroite : « Marinette, dit maître Pierre, voici ce monsieur qui a tant couru après nous. » Je saluai. « Monsieur, reprit-il, je vous présente Marinette Gujan, la reine de ce pays comme j'en suis le roi, et la meilleure fille du monde entier, comme j'en suis le meilleur homme. »

C'est ainsi que je fis connaissance avec le seul défaut de maître Pierre; mais qui n'a pas un grain de vanité? La sienne était si naïve assaisonnée d'une telle bonhomie, qu'elle ne m'a jamais donné sur les nerfs. La fausse modestie est odieuse, comme tous les genres d'hypocrisie. L'orgueil sonore et redondant, qui trompette à grand fracas ses propres louanges, ne tarde pas longtemps à fatiguer les oreilles. Mais la vanité du brave homme avait je ne sais quoi de familier et d'insinuant qui la rendait agréable au prochain. La gasconnade ne messeyait pas à cette voix gasconne. D'ailleurs sa parole était si franche, si leste, si vivement lancée qu'il vous disait : « Moi, qui suis grand comme le monde, » sans qu'on eût le temps de s'en étonner.

Au demeurant, c'était un joli couple que Marinette et maître Pierre. On aurait dit que la nature avait pris soin de les assortir et de les appareiller. Ils étaient de la même taille, à quelques centimètres près, et ils se ressemblaient un peu. La jeune fille avait dix-huit ans et son compagnon trente-deux. Maître Pierre était large des épaules, trapu, solide, avec les jambes un peu trop courtes; mais les échasses corrigeaient ce défaut-là. Marinette était merveilleusement prise dans sa petite taille; elle avait le pied le plus mignon, et ses menottes noires auraient ganté les mitaines d'un enfant. Toute sa personne était soignée dans le détail comme un ouvrage d'orfévrerie. La lumière du soleil glissait joyeusement sur sa peau fine et bien tendue; sa chair était d'un grain serré, comme le bronze d'une statue florentine. Ni la maigreur, ni l'embonpoint, ni les rides de la vieillesse ne devaient trouver aucune prise sur cette svelte, sobre et gaillarde beauté. Sa figure n'était pas de celles qui font retourner les passants de la rue. On n'y remarquait à la première vue que deux grands yeux noirs et des sourcils dessinés comme au pinceau. Mais il ne fallait pas un bien long examen pour admirer le modelé de son front, la finesse de son petit nez aquilin serré entre les deux ailes, le contraste riant de ses dents blanches et de ses lèvres rouges, et la fossette mignonne qui lui piquait le menton. Cette fossette se retrouvait, mais plus large et plus profonde, sur le menton de maître Pierre. Ses traits étaient ceux de Marinette grossis au microscope. Si les lèvres de la jeune fille étaient un peu charnues, celles de son ami étaient épaisses. Un grand diable de nez aquilin, bien fait d'ailleurs, devançait sa figure. Ses dents aussi blanches que la nacre des perles étaient larges comme des planchettes, et ses beaux sourcils noirs pouvaient passer pour des buissons. Elle était brune, il était presque basané; Marinette avait les cheveux ondés sous son foulard jaune, maître Pierre était frisé comme l'empereur Titus ; du reste, rasé comme un œuf.

Ces deux jeunes gens, quoiqu'ils fussent d'une beauté peu commune, ne différaient pas sensiblement des piétons que j'avais rencontrés dans les rues de Bordeaux, ou des échassiers que j'avais rencontrés dans la lande. Mais le type national, diversement perfectionné chez l'un et l'autre, me parut prendre en eux une physionomie particulière. Je ne sais pourquoi, quand je les regardais un peu longtemps, je pensais aux Sarrasins qui ont envahi le sud de la France, et je me disais que Charles Martel ne les avait pas assommés tous.

Après les premiers compliments, maître Pierre me dit qu'il était à mes ordres et que nous partirions quand je voudrais.

« J'espère bien, répondis-je, que vous me ferez d'abord l'amitié de déjeuner avec moi. »

Il sourit finement et reprit, avec une familiarité qui ne manquait pas de grandeur : « Mon cher ami, nous allons d'abord traverser l'étang pour voir les dunes, et là vous déjeunerez avec nous. Laissez-moi vous dire une fois pour toutes, afin d'éviter les discussions inutiles, que depuis le moment où je vous ai rencontré jusqu'à l'heure où vous me direz adieu, vous êtes chez moi. Ne craignez pas que je me mette en dépense : mes sujets nous doivent l'hospitalité, et partout où nous irons, nous serons hébergés gratis. D'ailleurs, les anguilles et le pain noir que je vous ferai manger sont bien peu de chose en comparaison de la denrée précieuse que je vous donne : mon temps ! Songez que mes minutes valent de l'or pour ce malheureux pays. La fortune des Landes serait faite en dix ans si mes journées pouvaient avoir quarante-huit heures. Cependant, usez de moi. Je ne regarde pas comme perdus les instants que je passe à instruire les étrangers. Tout ce que je vous demande en retour, c'est de répéter à tout le monde ce que je vous aurai appris, et de raconter ce que vous aurez vu.

— Volontiers; d'autant plus que je suis conteur de mon état. »

Il chercha un instant ce que j'avais voulu dire, puis il reprit vivement : « Est-ce que vous faites des livres ?

— J'en ai commencé quelques-uns, mais le temps m'a toujours manqué pour les finir.

— Ah ! vous faites des livres ! Marinette en lit quelquefois. Moi, j'apprendrai plus tard, quand ma besogne sera faite. »

Il était six heures du matin lorsque nous sortîmes de l'auberge. Maître Pierre et Marinette prirent chacun sous son bras une paire d'échasses longues de deux mètres environ. C'était leur bagage. Je me figurais que Leurs Majestés Landaises devaient monter sur des échasses d'acajou, pour le moins, et je fus surpris de voir deux grandes lattes de pin, accompagnées d'un bâton du même bois.

Maître Pierre prit la tête et nous conduisit vers un petit embarcadère où son bateau nous attendait.

III

LES LANDES.

Chemin faisant, il s'arrêta au milieu d'un terrain stérile. « Venez ici, me dit-il ; il faut, avant tout autre propos, que je vous fasse faire connaissance avec la Lande. » Il prit une de ses échasses, dessina un carré sur le sol, et me dit : Regardez là dedans, vous y verrez la Lande tout entière, car le pays n'est très-varié. Cette plante épineuse à fleurs jaunes est un ajonc : on n'en fait rien. On pourrait la piler dans un mortier pour la faire manger aux bœufs, mais les bœufs aiment mieux autre chose, et je ne leur donne pas tort. Ces grandes tiges cassantes sont ce que nous appelons la brande. Les pâtissiers s'en servent pour chauffer leur four; les paysans en font une litière qui ne vaut rien et qui donne un détestable fumier, parce qu'elle ne pourrit pas. Ceci est une bruyère, vous en avez vu partout. Je dors là-dessus pour des raisons à moi connues et que je vous dirai plus tard, mais un autre s'y trouverait mal couché. Tâtez un peu le bois, et vous verrez que ce n'est pas le lit de tout le monde. Et maintenant baissez-vous pour voir ces quatre brins de verdure coriace qui sortent de terre comme des épingles : vous voyez l'herbe des Landes et la nourriture de nos moutons. Eh bien, monsieur, voilà plus de six mille ans que les Landes n'ont pas produit autre chose.

Il arracha les plantes à pleines mains, sans craindre d'y laisser la moitié de ses doigts, et quand le sol fut dépouillé, il me dit : « Voyons la terre. » Il se baissa et prit dans sa main une poignée de sable fin, noir, serré et plein de racines entortillées. J'en tâtai une pincée, et je me salis le bout des doigts. « C'est du sable pur, me dit-il. Les débris des plantes l'ont coloré en se décomposant. Le terrain est le même dans tout le pays; en quelque endroit que vous le choisissiez, vous le trouverez partout aussi maigre. Sa profondeur varie entre 60 et 70 centimètres; en moyenne, deux pieds. Voyez plutôt. » Il se mit à creuser la terre avec une dextérité surprenante. A deux pieds de profondeur, il me montra une couche de grès rougeâtre qui avait l'aspect d'un minerai de fer. « Ceci, me dit-il, est ce que nous appelons l'*alios*. C'est encore du sable, mais collé ensemble par une sorte d'enduit végétal. L'*alios* forme sous la lande une couche d'un pied d'épaisseur, assez dure pour émousser la pioche la mieux trempée. C'est ce grès maudit qui est cause de toutes nos misères. Vous comprenez qu'un champ ainsi pavé est comme un pot à fleurs auquel on n'aurait pas fait de trou. L'eau s'accumule au fond, et, comme il pleut ici pendant six mois de l'année, les racines prennent un bain de pied prolongé qui les tue. La terre est saturée d'eau pendant tout l'hiver; l'eau regorge jusqu'à la surface, et comme le sol est plat, ou à peu près, les Landes sont une mare impraticable jusqu'au retour du beau temps. L'été venu, autre histoire. Vous pensez bien qu'une telle masse d'eau croupie ne s'évapore pas sans empoisonner un peu le pays. Nous récoltons ici toutes les variétés connues de la fièvre, excepté la jaune. Nous avons de plus une maladie qui ne se trouve pas ailleurs et qui semble avoir été inventée tout exprès pour nous. La fièvre et la pellagre, voilà le plus clair de notre revenu. Attendez; vous n'êtes pas au bout. Quand l'eau s'est évaporée, nous jouissons d'un été caniculaire, et la sécheresse brûle ce que l'humidité n'a pas pourri. Or nous n'avons ni sources, ni eaux courantes. Comme il faut boire cependant et abreuver les bêtes, on va chercher de l'eau sous l'alios. On en irait chercher jusqu'au diable. En brisant la croûte, on trouve une nappe d'eau jaune qui s'est glissée là pendant l'hiver, à travers quelques déchirures. Mais quelle eau, monsieur! Je vous en ferai boire. C'est moins de l'eau qu'une infusion d'alios, qui manque absolument d'air et qui contient les poisons les plus variés. Les hommes et les moutons la boivent sobrement, comme vous pouvez croire, cependant les moutons en meurent quelquefois. On a pensé aux puits artésiens, et l'on a fouillé plus bas. On n'a trouvé que du sable et toujours du sable, jusqu'à cent mètres de profondeur; si bien qu'on s'est arrêté là.

« Maintenant, monsieur, nous pouvons nous remettre en route : vous connaissez aussi bien que moi le sol de notre jardin. Un banc de sable, un banc de grès, une nappe d'eau salée, et puis du sable jusqu'en enfer. Nous n'avons pas même de la pierre pour bâtir nos maisons, car l'alios, qui est si dur lorsqu'il faut le percer, devient mou comme du coton lorsqu'on veut s'en servir. On trouve par-ci par-là, sous le sable, un peu d'argile pour faire des briques, mais on n'en a pas tant qu'on veut.

« Si les Landes n'avaient qu'une lieue de long, il n'y aurait pas d'inconvénient à les laisser telles que la nature les a faites. On cultiverait à côté, et l'on irait les voir par curiosité, comme un bel échantillon de mauvaise terre. Mais nous en avons plus de 600 000 hectares dans nos deux départements. Je ne vous demande pas si vous savez ce que c'est qu'un hectare !

— Sans doute. C'est une surface de dix mille mètres carrés.

— Combien vend-on le mètre de terrain dans votre pays?

— On le vend ce qu'on peut, suivant la place. Dans les villages de la rive gauche, du côté de Sceaux, de Fontenay-aux-Roses, cela vaut trois francs. Sur la rive droite, dans les beaux quartiers de Neuilly, j'ai vu vendre des terrains à quarante francs le mètre. Dans Paris, les terrains de la rue de Vaugirard valent cent francs; ceux des boulevards vont à cinq cents, et même jusqu'à mille.

— Eh bien, monsieur, l'hectare de terre, qui vaut trente mille francs à Fontenay, quatre cent mille à Neuilly, un million rue de Vaugirard, et jusqu'à dix millions sur les boulevards de Paris, s'est vendu neuf francs dans les Landes. J'ai vu ça, moi qui vous parle. Aujourd'hui, grâce à moi, il en vaut cent. Dans cinquante ans, toujours grâce à moi, il en vaudra mille. La France possédera un demi-milliard de plus qu'à présent; et le plus beau de mon affaire, c'est que le gouvernement n'aura pas eu un centime à débourser. »

Je ne pus m'empêcher de sourire; mais le singulier homme parut charmé de mon incrédulité.

« Vous vous moquez de moi, dit-il; tant mieux! Ceux qui me croient sur parole sont des cerveaux mous; l'idée ne mord pas sur eux. J'aime les esprits qui se défendent, parce qu'une fois qu'on les a pris, on tient quelque chose. Plus j'aurai de mal à vous persuader, plus vous serez capable de persuader les autres.

« Je vous disais que, dans mon enfance, la lande rase valait neuf francs. Si elle se vend plus cher aujourd'hui, ce n'est pas qu'elle rapporte davantage; c'est tout uniment parce que j'ai prouvé aux incrédules qu'on pouvait la cultiver.

« Aujourd'hui, comme autrefois, l'hectare de lande fournit dans une année la nourriture d'un mouton. Autant d'hectares, autant de moutons. Un homme qui possède un hectare afferme son terrain à un homme qui possède un mouton. Au bout de l'année, le possesseur du mouton paye un fermage de dix sous au propriétaire de l'hectare. Sur cette somme, le propriétaire foncier coupe un centime en cinq et en dépose la cinquième partie dans la caisse du gouvernement. M'avez-vous bien compris? Voilà dix mille pauvres mètres de terrain qui vont travailler toute l'année, souffrir le froid et le chaud, le sec et l'humide, pour donner à l'État la vingt-cinquième partie d'un sou, au propriétaire une somme ronde de cinquante centimes, et au fermier le peu de laine et de graisse qu'un mouton maigre et déplumé peut faire en un an !

« C'est une mauvaise affaire pour tout le monde, pour l'État, pour le propriétaire, pour le fermier et pour les moutons! Les avez-vous vus nos moutons? Leur laine est bonne à bourrer des matelas, leur viande n'est pas riche, et l'on ne s'est jamais amusé à faire du fromage avec le lait des brebis. Pauvres créatures! avec quoi donc nourriraient-elles leurs agneaux? Quand on les mène au marché, la plus jolie bête du département vaut douze francs, pas davantage, eût-elle un ruban rose autour du cou. Ajoutez que quelquefois le mouton vient à crever avant d'avoir mangé son hectare. Quelquefois, c'est le fermier qui meurt des fièvres avant d'avoir vendu son mouton. En résumé, si l'on trouvait le moyen de nourrir le mouton sans lui faire manger un hectare, et d'employer un hectare à quelque chose de mieux que la nourriture d'un mouton, les hectares et les moutons auraient meilleure mine; l'État, le propriétaire et le fermier ne seraient plus réduits à la nécessité de couper des centimes en cinq. »

Cette dissertation nous avait conduits jusqu'à l'entrée des Marais. Maître Pierre détacha un joli bateau bien construit, marchant à la rame et à la voile, et portant à l'arrière un nom de bon augure : *l'Avenir*. Marinette prit le gouvernail et me fit asseoir à son côté, tandis que maître Pierre, debout à l'avant, nous poussait à grands coups de gaffe entre les rives étroites du chenal. On voyait à droite et à gauche, parmi les ajoncs et les roseaux, une vingtaine de vaches blanches et rousses, plongées dans la vase jusqu'aux genoux, et ensanglantées çà et là par la piqûre des sangsues.

Au bout d'un quart d'heure, le chenal déboucha dans l'étang de La Canau, et je vis un spectacle dont je me souviendrai toute ma vie.

Nous étions bien loin des plates horreurs que maître Pierre m'avait décrites. Sous le beau soleil du matin, s'étendait une vaste nappe d'eau bleue, transparente jusque dans ses profondeurs. Les rives de l'étang s'élevaient en amphithéâtre. Les vieilles forêts de pin habillaient de noir la masse énorme des dunes. Quelques montagnes de sable nu imitaient ces sommets couverts de neige qui dominent les Alpes et les Pyrénées. Nous avions changé de place; j'étais étendu à l'avant; maître Pierre et Marinette, assis côte à côte, se tenaient à l'arrière. La voile s'était déployée, et la gaffe reposait le long du bord avec les avirons et les échasses. Une petite brise nous promenait doucement au pied des bois déserts. Nul bruit de voix, nulle trace de culture, nul travail des hommes ne me rappelait que j'étais en pays civilisé, à quelques heures de Tortoni. On ne voyait que le vol effarouché des sarcelles; on n'entendait que la dent des écureuils qui croquaient les pommes de pin, ou le bec du pivert frappant à coups redoublés le tronc vermoulu des grands arbres. Le costume de mes compagnons, leur attitude et leur silence étaient en harmonie avec le paysage : maître Pierre portait sur ses épaules une peau de mouton hérissée en dehors; deux longues guêtres de même étoffe descendaient sur ses pieds nus. Il tenait l'écoute d'une main, la barre de l'autre, et il allait de l'avant, sérieux comme un sauvage, sans abaisser le regard vers Marinette qui lui souriait tristement, comme une Indienne douce et résignée. La jeune fille était vêtue de gros drap noir. Sa jupe courte laissait voir un pantalon serré sous les genoux et des guêtres de cuir lacées. Son petit pied reposait dans un gros sabot rond, comme un enfant dans un berceau.

J'hésitai quelque temps à rompre le silence, mais je rencontrai les yeux de maître Pierre qui semblaient m'interroger, et je lui dis à brûle pourpoint : « Que chantiez-vous donc tout à l'heure? Vous avez calomnié votre royaume. Vous me promettez des pays affreux, et vous m'en montrez de magnifiques ! »

Il m'examina d'un regard inquiet pour voir si je ne me moquais point. La défiance du paysan luisait dans ses yeux noirs. Je repris sérieusement : « Mon nouvel ami, j'ai vu de beaux pays en ma vie, et je m'en rappelle bien peu qui m'aient fait autant de plaisir. »

Lorsqu'il vit que j'étais de bonne foi, sa figure s'illumina, ses narines se dilatèrent et il huma voluptueusement les parfums sauvages de la solitude. « Oui, dit-il, c'est une belle terre et je l'ai bien aimée. Les montagnes qui marchent sur les villages, les étangs qui rampent dans la plaine, les sables mouvants où l'on se noie, le vent salé de l'Océan qu'on respire à pleine goulée, les grands pins qui tombent de vieillesse et de pourriture, la tête dans l'eau, les racines en l'air, ont été mes meilleurs compagnons et mes plus chers amis. La Lande a ses beautés aussi, mais tout le monde ne peut pas les comprendre. En hiver, quand tout nage dans l'eau, on voit les nuages blancs et gris se mirer dans les champs comme des demoiselles dans leur miroir. En été, quand tout brûle, on voit l'air onduler sur la campagne en petites vagues minces et transparentes. Les yeux sont comme ivres de jour; il semble que tout se mette à tourner autour de vous, et au milieu de la plaine déserte on voit croître des châteaux, des jardins et des lacs immenses. Et puis on est grand, on a quinze pieds de haut, on cueille des fleurs sur les toits des maisons, on s'arrête au milieu du chemin comme un géant, tandis que le troupeau défile entre vos jambes. Et la chasse, monsieur! On dit que les rois ont de beaux parcs où le gibier complaisant vient se poser en ligne au bout d'un fusil. Eh bien, je les défie tous de se procurer des récréations plus royales que les miennes. Mais c'est de l'histoire ancienne; je ne suis plus cet homme-là. Il y a quinze ans, je n'étais qu'un bambin, et pourtant si j'avais vu les défricheurs venir ici pour arracher mes ajoncs et mes bruyères, je me serais mis en travers. C'est comme si l'on venait maintenant arracher un cheveu à Marinette! »

Marinette le remercia des yeux; il fit une moue singulière et détourna la tête avec un geste boudeur.

« Monsieur, me dit-il, est-ce qu'on vous a raconté mon histoire?

— Non, mais on m'a donné grande envie de la savoir.

— Ils vous ont bien dit que j'étais enfant trouvé? C'est drôle, n'est-ce pas, pour un roi? Eh bien, oui, monsieur, on m'a ramassé à terre, par une belle pluie de janvier, en l'an de froidure 1825. C'est une chose qui n'arrive pas souvent dans ces pays-ci, parce que les filles aiment mieux nourrir leurs enfants que de les jeter dans la rue. Notre jeunesse ne vit pas mieux qu'ailleurs; elle vit même un peu plus mal, car l'instruction manque et les bons conseils aussi. Les filles sont farouches avec les étrangers et point avec les gens du village. Un monsieur de Bordeaux qui viendrait leur conter des douceurs ou leur offrir des boucles d'oreilles se ferait reconduire à grands coups d'échasses. Mais quand on est ensemble du matin au soir, filles et garçons, perdus dans la Lande, loin des parents et de tout, au milieu du ménage des brebis, vous pouvez croire qu'on en sait long, et les malheurs sont vite arrivés. Je n'ai jamais su par quelle nécessité ma pauvre mère m'a jeté là, à la porte de M. Blaquière, le médecin de la commune de Bulos. A coup sûr, elle ne voulait pas ma mort, puisqu'elle me mettait sous la protection d'un docteur et d'un brave homme; et pourtant je l'ai échappé belle. Quand la servante du docteur ouvrit la porte, elle trouva un marmot gros comme deux sous de pain, transi jusqu'aux os, rouge comme une écrevisse, et qui aurait claqué des dents, s'il en avait eu. Elle me porta dans la maison, sans savoir qu'elle tenait dans son tablier la fortune des Landes et tout l'avenir de nos pays. Le docteur aurait pu m'envoyer à l'hospice : il était jeune, nouveau venu dans la commune, il gagnait bien juste pour nourrir sa servante et son cheval. Cependant il fit la dépense d'une chèvre, et je devins grand et fort en tetant ce lait sauvage et capricieux. Du plus loin qu'il me souvienne, je me vois cabriolant dans les bruyères avec ma nourrice et deux jeunes boucs, mes frères de lait.

« J'avais quatre ans et demi quand M. Blaquière partit de Bulos pour se marier en Espagne. Vous devinez bien que je ne fus pas compris dans ses bagages, un ourson comme moi n'était pas un cadeau de noce à porter à une jeune femme. Mais avant de s'en aller, il voulut pourvoir à mon sort. Il me fit mettre mes plus beaux habits et me conduisit chez un propriétaire de la commune qu'on appelait le Sergent. Je me rappelle tous les détails de cette visite, parce que c'est la première fois que j'entendis deux hommes se quereller. Le sergent agitait son bras droit et donnait de grands coups de poing sur la table : quant au bras gauche, il l'avait laissé dans les Pyrénées en 1823. Le docteur, homme doux et pacifique, criait pourtant du haut de sa tête

« Je n'en ferai rien ! disait le sergent.

« — Vous le devez, répondait le docteur.

« — Mêlez-vous de vos affaires !

« — Commencez par réparer vos fautes ! »

« Le sergent cria plusieurs fois : « La recherche « de la paternité ! la recherche de la paternité ! » Au milieu de la dispute, le docteur, qui s'était fort échauffé, me jeta sur les genoux du sergent en disant : « C'est tout votre portrait. » Ce mot de portrait m'intrigua beaucoup, parce que j'avais vu chez M. Blaquière cinq ou six cadres renfermant des batailles, des arbres et des figures, et la servante m'avait appris que cela s'appelait des portraits. Finalement, le sergent se leva et dit : « J'en « ferai un berger. » Je n'entendis pas bien ce que le docteur lui répondait. Il parla assez longtemps d'un ton moins sévère, puis il m'embrassa sur les deux joues et sortit. Le sergent le reconduisit jusqu'à la porte, et je l'entendis répéter à plusieurs reprises : « Un berger ! rien qu'un berger ! » Lorsqu'il revint vers moi, je me jetai dans ses jambes et je lui distribuai une grêle de coups de pied. C'était mon père.

« Il vivait petitement de sa retraite et de sa croix, car les biens qu'il avait dans le pays ne rapportaient pas cent francs de rente. Je l'entendais maugréer matin et soir contre la cherté des vivres, la bêtise des gens, l'ingratitude des rois, et le boulet qui l'avait fait invalide à vingt-cinq ans. Il paraissait plus vieux que son âge, parce qu'il était souvent malade et toujours de mauvaise humeur. Il passait une partie du jour au cabaret, et le soir, après souper, il fumait dans une pipe en buvant de l'eau-de-vie.

« Son premier soin fut de m'expédier aux champs avec son berger. Il m'habilla comme vous me voyez aujourd'hui, car je suis resté fidèle à mon premier costume. Le vieux berger me battait ; les autres enfants qui menaient paître des bêtes me faisaient des niches et me donnaient de vilains noms. Le sergent me traitait tantôt bien, tantôt mal, car il était d'humeur très-variable, comme tous les gens inoccupés. Il me nourrissait de mauvais maïs, de millet mal cuit et de sardines rances ; le tout arrosé de l'eau jaune que vous savez. Mais quelquefois, lorsqu'il se sentait en gaieté, il me prenait sur ses genoux, me bourrait d'anguilles frites et de pain blanc, me faisait avaler un demi-verre d'eau-de-vie, riait de ma grimace et me tirait les oreilles pour dessert. Dans un de ces accès d'amitié, il mit le vieux berger à la porte, et me nomma général en chef de ses quarante moutons. J'avais huit ans. Je commençai d'être heureux dès que je pus vivre seul. Pour éviter la compagnie des autres enfants, je menais mes bêtes bien loin du village, tout au bout du communal. Les petits bergers, pour être ensemble et se désennuyer, réunissent cinq ou six troupeaux en un seul. Tout se démêle le soir, au premier coup de cornet, et chaque mouton rejoint sa bande. Moi, je faisais bande à part avec mes bêtes, et je n'étais jamais si content que lorsque je ne voyais personne aux environs. Il me semblait alors que j'étais le maître du pays, et que les Landes m'appartenaient. Vous voyez que j'avais mes petits instincts de roi

« Dans la solitude où je vivais, je fis bientôt connaissance avec les lièvres, les lapins et les perdrix rouges. J'appris à guetter le gibier et à tendre des collets sur son passage. Il aurait fallu se lever bien matin pour trouver ma sacoche vide, et je rapportais toujours quelque chose à la maison. Le sergent se régalait de mon petit braconnage, et il m'en faisait profiter quelquefois; mais il ne se décida jamais à me confier son fusil.

« C'était une arme à deux coups, un bon outil, bien solide, qui m'a servi longtemps et qui a fait diablement d'ouvrage entre mes doigts. En ce temps-là, je le regardais avec convoitise, derrière le poêle où le sergent l'avait suspendu. Quand je faisais mine d'y porter la main, j'entendais un juron terrible suivi de ces mots sacramentels : « Touche pas! ça brûle. » J'avais beau alléguer les loups qui descendaient quelquefois dans la lande et qui faisaient de jolies récoltes de brebis, le sergent ne voulait pas que son fusil servît à personne, depuis qu'il ne pouvait plus lui servir.

« Je pensais bien quelquefois à en acheter un autre, mais on n'en trouvait qu'à Bordeaux, et j'étais bien pauvre pour payer un meuble si précieux. Le sergent, tant qu'il vécut, me traita comme son berger et non comme son fils : il me donnait des gages. Je reçus d'abord trois écus par an, puis quatre; j'avais quarante sous d'étrennes au 1ᵉʳ janvier. Comme j'étais logé, vêtu et nourri, et que ma seule passion, la chasse, ne me coûtait rien, j'économisais tout mon argent et je le serrais dans un trou. A douze ans j'avais mis de côté cinq années de gage à douze francs, deux années à seize, et quatorze francs d'étrennes : total 106 francs que je recomptais en cachette, sans oser demander à personne quel est le prix d'un fusil. Je savais que la moindre maison coûte plusieurs centaines d'écus, et je ne pouvais croire qu'un fusil fût moins cher qu'une maison.

« Sur ces entrefaites, le sergent, qui ne s'était jamais trop bien porté, tomba malade à garder le lit. Il avait la manie de soigner ses fièvres lui-même, et il se droguait tout de travers, tantôt laissant reposer la maladie; tantôt prenant des médecines de cheval. Quand je vis qu'il n'en avait plus pour longtemps, je me sentis un peu triste et embarrassé. Je ne savais pourtant pas qu'il fût mon père : c'est une chose que j'ai comprise depuis sa mort. Je me demandais ce que j'allais devenir sans lui, et cette idée-là me brouillait la tête; mais je ne pouvais pas m'empêcher de sourire en pensant que, lui mort, personne ne me défendrait plus de toucher au fusil. Voilà les idées que j'avais sur la propriété!

« Il me garda auprès de lui pendant les derniers jours. Mes moutons s'en furent aux champs avec un autre, et je fus grandement privé de ne plus voir les landes ni compter mon argent. Un matin, il me cria, de sa grosse voix que la mort avait bien radoucie : « Hé, clampin! va-t'en au Porge chercher le notaire et ne laisse pas entrer le curé! Il est temps de boucler mon sac; on bat le rappel. » Je fus bientôt revenu : le village de Bulos est entre le Porge et La Canau. Mon pauvre sergent eut à peine le temps de signer les écritures : il trépassa entre les bras du notaire. Moi, j'attendais à côté, dans la cuisine.

« On me mit, pour garder son corps, durant la nuit suivante, avec une vieille femme du village. Toutes les fois que la garde ronflait sur ses prières, j'étais tenté de prendre le fusil et de me sauver par la fenêtre; mais elle s'éveillait au moindre mouvement, parce que les vieilles gens ont le sommeil léger. « Attendez que je vire de bord. Pare à virer, Marinette ! »

IV

UNE ENFANCE ORAGEUSE.

La barque partit au large de l'étang, et maître Pierre mit le cap sur une habitation assez importante qui venait d'apparaître au pied des dunes, sur la rive opposée. « Nous déjeunerons là-bas, me dit-il, au *Moustique*. C'est là que nous avons couché hier soir. La maison appartient aux ponts et chaussées; l'homme qui l'occupe est un de nos amis. Vous verrez à sa cheminée le fusil en question. Mais où en étais-je de ma belle jeunesse?

— Vous étiez à la mort du sergent.

— C'est juste. Eh bien, lorsqu'il fut mort, on le porta en terre. Autant nous en pend à l'œil. Après la cérémonie, le juge de paix, le notaire et les voisins me ramenèrent à la maison. On fit l'ouverture du testament, et l'on vit que le Sergent léguait tous ses biens, meubles et immeubles, à son petit berger. Mon premier mouvement fut de sauter au fusil.

« L'inventaire ne dura pas longtemps. Le Sergent possédait en biens-fonds 50 hectares de lande sis à Bulos, et 200 hectares de marais sur la commune de La Canau. La lande valait bien peu de chose et rapportait 25 francs par an; le marais était loué vingt écus, grâce à la pêcherie qu'on vous a montrée hier soir. La maison n'était pas à nous, le mobilier était en bois de pin; on trouva six francs dans les tiroirs, et la vente des quarante moutons devait servir à payer les frais. Le juge de paix nomma un conseil de famille pour administrer mes biens; il fut question d'école, de frais d'éducation, de tuteurs et de subrogés tuteurs; mais le lendemain au point du jour, je pris le fusil, je déterrai mon argent et je partis.

« Vous avez peut-être vu des gens qui pleuraient en quittant leur village. Eh bien, ceux qui m'ont rencontré ce jour-là ont vu un gaillard qui n'engendrait pas mélancolie. Et pourquoi diable aurais-je pleuré? Je ne quittais rien, ni un parent, ni un ami, ni le souvenir d'un bon quart d'heure. La maison du Sergent ne me rappelait que le pain de maïs, les sardines pourries, et mes oreilles tirées. Mon vrai domicile était la lande, et j'entrais en possession. Partout où fleurissaient les ajoncs, j'avais le droit de planter mes échasses; je pouvais faire plus de vingt-cinq lieues sans sortir de chez-moi! Non, je n'oublierai jamais le premier matin de cette grande et joyeuse escapade qui dura plus de sept années. J'avais douze ans et demi ; j'étais fort comme un homme ; il faisait beau ; l'argent sonnait dans mes poches, mon fusil battait sur mes épaules, et la liberté chantait dans mon cœur.

« Malgré tout, je n'aurais été heureux qu'à demi s'il avait fallu me cacher comme un écolier en fuite. Car j'étais déjà fier, quoique je n'eusse pas encore acquis le droit de l'être. Je me disais, en arpentant le pays à grandes enjambées : Tu ne dépends d'aucun homme ; ni le gendarme, ni le maître d'école n'ont rien à te dire ; tu n'es pas un vagabond, mais un propriétaire, un rentier voyageant pour son agrément ! Je me promettais de ne répondre aux questions et de ne parler aux personnes que lorsque la chose me conviendrait. Je n'étais en peine ni de mon logement, ni de ma nourriture, car je trouverais partout un fagot de bruyères à mettre sous ma tête et un rôti de gibier à mettre sous ma dent.

« Je m'arrêtai au village du Porge pour acheter des munitions. Notez, monsieur, que je ne savais pas seulement comment on charge une arme à feu. J'entrai hardiment dans le bureau de tabac, et je demandai d'un ton délibéré : » Une livre de poudre, et tout ce qui s'ensuit ! » On me servit de la poudre ; on me fit choisir du plomb, et je ne pris pas du plus petit. Je me laissai donner une boîte de capsules, quoique mon fusil ne fût pas à percussion, et je m'informai s'il ne fallait pas d'autre assaisonnement. La buraliste se mit à rire et je sortis de male humeur. Je craignais de passer pour un homme qui possède un fusil et qui ne sait pas s'en servir.

« Pour me réconcilier avec moi-même, je ne fis qu'un saut jusqu'au cabaret. Il s'agissait d'une cérémonie importante, d'un événement longtemps attendu, d'une promesse que je m'étais faite dès la plus tendre enfance : j'allais boire du vin ! Les Landais de nos côtés en usent fort peu, mais en ce temps-là ils en usaient encore moins. M. Blaquière ne m'en avait jamais donné, n'en prenant pas lui-même. Il buvait de l'eau vinaigrée, comme les pauvres gens du pays. Le Sergent ne se régalait qu'avec de l'eau-de-vie, mais il parlait du vin avec admiration, il chantait des couplets en l'honneur du vin, et lorsqu'il racontait les garnisons qu'il avait faites, il disait, en faisant claquer sa langue : c'est là que le vin était bon ! Sur ce qu'il m'avait dit, je me représentais le vin comme une essence miraculeuse qui donnait la force et faisait pousser la barbe, et je ne pensais pas qu'on pût être un homme avant d'avoir bu du vin.

« Je m'assis au cabaret, je frappai du poing sur la table et je demandai une bouteille, en faisant sonner négligemment les écus de toutes mes poches. Le goût du vin ne me plut guère, quoique je fusse décidé à le trouver excellent; mais j'avais trop d'amour-propre pour faire la grimace. Il me semblait que tout le monde devait avoir les yeux sur mon verre, et je m'étais condamné à vider la bouteille jusqu'au fond, de peur de passer pour un homme qui boit pour la première fois. L'opération fut longue et difficile, d'autant plus que mon gosier se serrait à chaque gorgée, comme si l'on m'avait introduit une râpe dans la bouche. Je tenais mon verre de la main droite et le pied de la table de la main gauche; je fermais les yeux et j'avalais vite, comme celui qui boit une médecine amère. Mais la potion n'était pas plus tôt entrée que je tâchais de tousser militairement et de pousser un bon hum! du fond de ma poitrine, suivant l'exemple que le Sergent m'avait donné. C'est égal; la bouteille me parut joliment grande. Depuis, j'ai vu le temps où je les trouvais trop petites. Maintenant, qu'elles soient petites ou grandes, je m'en moque. Je ne bois plus de ce poison-là.

« Je payai les dix sous et je remontai sur mes échasses, plus content de moi que si j'avais gagné bataille. Je me promenai dans tout le Porge, espérant y rencontrer des gens de connaissance, et comme personne ne faisait attention à moi, je passai et repassai plus de dix fois devant la boutique du notaire où j'étais entré l'avant-veille, et je m'essuyais la bouche avec ma manche, pour faire voir que j'avais bu du vin.

« Mais voilà que le vin se mit à me travailler la tête, et je sentis ma cervelle qui fermentait. Je fus pris d'un besoin insatiable de parler, de rire, de crier, de mouvoir les bras et les jambes, et de courir contre le vent à travers l'immensité des landes. Je partis comme un échappé, chancelant ici, trébuchant là, sautant les fossés, faisant des tours de force, et cherchant à cueillir les hirondelles dans l'air. Quand je rencontrais un troupeau, je courais sur les moutons et je les mettais en déroute, je rossais les petits bergers qui ne m'avaient rien fait, et je vengeais sur eux les sottises que les autres m'avaient dites; je donnais la chasse aux petites filles; et quand j'en attrapais une par le cou, j'embrassais comme du pain sa figure noire et mal mouchée. Je n'y trouvais qu'un plaisir de rage, mais je me régalais de les voir fuir et de les entendre crier : je repartais de plus belle, et je disais à travers champs : « Je suis un enfant trouvé; mes père et mère ont pris du bon temps; eh bien, tant pis! je ferai comme eux? »

« Je m'éveillai le lendemain matin en pleine lande, de l'autre côté du bassin d'Arcachon : j'avais fait plus de dix lieues dans la journée. La figure me cuisait un peu, d'où je conclus que je n'avais pas été vainqueur sur toute la ligne, et qu'on m'avait administré quelques gourmades. Mes jambes étaient fatiguées, et mon estomac encore plus. J'aurais donné ma peau pour bien peu de chose, tant j'étais mou, faible et découragé. En me soulevant, je sentis comme une longue meurtrissure au milieu du dos, et je vis que, dans la crainte de perdre mon fusil, je m'étais couché dessus. L'idée que je n'étais pas seul et que mon fusil me restait me raccommoda avec la vie. Je me traînai jusqu'au bourg de Mios, et je déjeunai à l'auberge, mais je n'y pris pas de vin.

« Ce jour-là et les suivants, je cherchai un homme qui m'apprît à charger mon fusil. La chose n'était pas facile ; car, d'un côté, j'avais honte de confesser mon ignorance, et, de l'autre, j'étais trop prudent pour livrer une arme si chère aux mains du premier venu. Je suivais les chasseurs dans la lande et les gardes forestiers sur les dunes, pour observer de loin comment ils s'y prenaient ; mais, pour rien au monde, je ne leur aurais demandé conseil ; leurs fusils étaient chargés, et ils pourraient me voler le mien, lorsqu'ils sauraient qu'il ne l'était pas. Les bergers et tous ceux que je rencontrais sans armes ne m'inspiraient guère plus de confiance. D'abord, ils n'étaient peut-être pas plus savants que moi ; ensuite, ils ne manqueraient pas de me faire des questions embarrassantes ; enfin, une fois qu'ils auraient chargé mon fusil, rien ne les empêchait de l'emporter en me couchant en joue. Je me représentais le monde comme une vaste lande où tous les hommes cherchaient à se procurer un fusil. Je songeai un moment à m'en aller à Bordeaux prendre une leçon chez un armurier; mais la prudence m'arrêta en chemin : quand mon fusil serait dans la boutique, l'armurier voudrait-il me le rendre? Comment ferais-je pour prouver qu'il était à moi?

« A la fin de tout, un vieux berger me tira d'affaire : Il me vit passer au loin, et me fit signe de venir à lui : « Petit, me dit-il, je sais un lièvre au gîte; si tu veux me prêter ton fusil, je le tuerai, nous le mangerons ensemble, et la peau sera pour moi. » Je le regardai entre les deux yeux, et je vis qu'il avait la figure d'un honnête homme : « Prenez le fusil, lui répondis-je; mais il faudra que vous le chargiez : je viens de tirer les deux coups sur une perdrix. » Je lui donnai la poudre et le reste. Heureusement, il ne connaissait pas l'emploi des capsules; sans quoi il aurait bien vu que j'avais menti. Comme je n'avais pas de bourre, il en prit une poignée sur le dos d'un de ses moutons. J'observais tous ses mouvements avec une curiosité ardente, et j'ai presque compté les grains de plomb qu'il mesurait à la main. Pendant ce temps, malgré toute la confiance que j'avais en lui, je tenais mon couteau ouvert à la hauteur de son ventre : s'il avait fait mine de s'enfuir, il était mort.

« Ce fut le lièvre qui mourut. Je rechargeai moi

même sous les yeux de mon professeur, et je vis que je savais. Mais je ne goûtai pas au rôti ; j'étais trop content, je n'avais plus faim. Je m'enfuis vers les étangs, je tirai sur une sarcelle, et je tombai de toute la hauteur de mes échasses : le fusil du Sergent reculait un peu.

« Depuis cette sarcelle-là, monsieur, jusqu'au jour où j'ai rencontré Marinette, mon fusil et moi nous n'avons fait qu'un. Vous jugez si en sept ans nous avons pu nous habituer l'un à l'autre. Au bout d'un mois ou deux, il ne me donna plus de taloches, ou je ne les sentis plus, ce qui revient au même. A la fin de l'année, j'étais le plus joli tireur des deux départements ; je tuais tout ce que je voulais. J'ai commencé par guetter le lièvre au gîte, mais bientôt je n'ai plus manqué la perdrix au vol. On m'a souvent offert de me donner des chiens ; je n'en ai jamais voulu : c'est moi qui étais mon chien. Ces animaux-là ne servent qu'à gêner les hommes ; je n'en veux pas ; j'aimerais autant chasser avec un monsieur de Bordeaux ! J'allais toujours seul, et voilà comme il faut être. Je voyais le gibier de si loin, et je le devinais si subtilement que j'ai cru un moment que j'avais du nez ! Le fait est que seul, sans chien ni camarade, je n'ai manqué de rien pendant sept ans, et c'est le gibier qui a payé tout. Non-seulement j'avais le rôti à discrétion, mais je trouvais toujours quelques écus dans mes poches. Je vendais mon superflu, j'approvisionnais Bordeaux ! Si vous connaissez M. Lafont, du village de Lége, il vous dira si nous avons fait des affaires ensemble. C'était lui qui portait mon gibier à la ville, et il m'a donné quelquefois plus de trente francs d'un coup.

« Ce qui vous paraîtra peut-être singulier, c'est qu'il reste encore à chasser sur nos terres, et qu'un bourreau de gibier comme moi n'ait pas tout détruit. Mais n'oubliez pas, s'il vous plaît, que mon parc s'étendait depuis la Gironde jusqu'à l'Adour, sur une largeur de plus de dix lieues. Entre la mer et les champs cultivés, j'exploitais à coups de fusil trois grandes régions, trois longues bandes de pays variés où le gibier ne tarissait pas : j'avais les dunes au bord de l'Océan, les étangs au pied des dunes, et la lande derrière les étangs. Ne croyez pas que la lande ne nourrisse que des lièvres et des perdrix rouges ; j'y ai tué des faisans et des outardes. Vous n'avez jamais vu d'outardes ? voilà ce que j'appelle un beau coup de fusil ! J'en ai abattu plus de dix, et les messieurs qui en ont mangé ont su ce que ça leur coûtait. Mais je ne les vendais pas toutes, non ; j'avais des fantaisies de riche, et je m'offrais de temps en temps un morceau de roi. Sur les étangs, dans les marais, on trouve de tout, jusqu'à des cygnes. Je ne compte ni les canards, ni les oies, ni les sarcelles, ni les bécasses, ni les bécassines, ni les courlis. Si vous étiez homme à venir vous enrhumer ici l'hiver prochain, vous feriez de jolies collections d'oiseaux dans votre carnassière. On vous montrerait des hérons comme on n'en rencontre guère, des grues et des butors comme vous n'en avez jamais vu. Mais le plus beau de tout, c'est la chasse dans les dunes. Du moins, c'était, car j'ai un peu changé tout ça. La première fois que j'y suis monté avec mon fusil, j'ai manqué un chevreuil; le lendemain, j'ai failli me faire éventrer par une laie magnifique, suivie de ses marcassins. Je vous montrerai ici la trace d'un coup de corne; c'est un souvenir de nos taureaux sauvages. Et que de choses! Si vous ne savez pas l'histoire du petit cheval gris, je vous la raconterai un de ces jours.

« Nous avions notre bonne part de bêtes malfaisantes, mais en ce temps-là je leur faisais plus de tort que de mal. J'aurais trouvé un renard en arrêt devant une perdrix, j'aurais mangé la perdrix et épargné le renard. Entre chasseurs!... Je ne m'amusais pas à jeter ma poudre aux éperviers, et je laissais les loups courir à leurs affaires. Ils comprenaient cela, ces braves animaux, et ils ne s'enfuyaient pas de moi comme d'un autre. J'ai caressé des chats sauvages qui rentraient leur griffe et qui faisaient ron ron sous ma main.

« Je vivais au jour le jour, comme les loups, les renards et les autres confrères. Avec un peu d'ordre et d'économie, j'aurais pu mettre quelque chose de côté, mais je n'aurais pas été un chasseur. Je serrais ma ceinture dans les mortes saisons, je menais grand train dans la saison des passages.

« L'arrivée des cailles, le retour des palombes, les bandes de canards qui s'abattent sur le bassin d'Arcachon, les nuées de petits oiseaux que l'automne sème à travers les dunes, m'apportaient des jours de bombance dont je faisais profiter mes amis. Je n'invitais pas les gens à dîner mais je m'invitais chez les autres et j'apportais tout, sauf la table et le pain. C'est depuis ce temps-là que mon couvert est mis partout et que j'ai mon écuelle dans chaque maison du pays. J'ai fait manger du faisan et des becfigues à plus de quatre pauvres diables qui n'avaient jamais goûté la viande de leurs moutons. Nous buvions sec ; mon gosier s'était accoutumé à la râpe, et un pot de vin ne me faisait pas peur. Lorsqu'on me voyait entrer avec une cruche dans la main droite et un chapelet de canards sous le bras gauche, jeunes et vieux couraient à moi, la bouche enfarinée. Les jolies filles riaient jusqu'aux oreilles, comme pour m'inviter à compter leurs dents. Elles me connaissaient bien ; elles savaient que je n'étais pas homme à leur refuser un foulard rouge, et que je n'avais pas mon pareil pour vider le ballot du colporteur. Depuis Lesparre jusqu'à Bayonne, j'étais connu comme le loup blanc. Les uns m'appelaient petit Pierre, par amitié; les autres me donnaient déjà du monsieur Pierre; je n'ai été maître Pierre qu'après avoir mérité l'admiration des savants. Je ne tenais pas longtemps en place : un vrai chasseur ne se repose que si les jambes lui rentrent au corps. J'allais, je venais, je faisais mes dix lieues par jour, pas plus gêné qu'un bourgeois qui se promène dans sa chambre. Mais j'aimais à repasser souvent par Bulos, à la seule fin de m'y montrer dans toute ma gloire. Quand je rencontrais mon tuteur avec son troupeau, je lui disais du haut de mes échasses : « Hé bien, quel jour me mettez-vous à l'école ? » Je ne le chicanais pas sur le revenu de mes landes et de mes marais; et je lui envoyais de temps en temps un cuissot de chevreuil ou un quartier de taureau sauvage.

« Vous m'excuserez, monsieur, si tous ces détails vous ennuient : pourquoi m'avez-vous mis sur ce chapitre-là? Je n'y repense pas souvent, et il fallait une occasion comme celle-ci pour me faire dévider toute la pelote; mais une fois que je commence, je n'en finis plus. La chose a duré sept ans : j'ai eu froid, j'ai eu chaud, j'ai reçu des averses, des coups de boutoir et des coups de corne, mais je ne me suis pas ennuyé un quart d'heure, aussi vrai que voici une maison là-bas. Certainement je n'étais pas le roi des landes, je n'étais pas même un grand homme, et pourtant je n'aurais pas échangé mon sort contre une place de statue devant le théâtre de Bordeaux !

— Après ? lui dis-je.

— Après ? vous en voulez encore ?

— Parbleu ! je veux tout, sans excepter l'histoire du petit cheval gris que vous m'avez promise. »

Son front se rembrunit, et un souvenir pénible passa sur sa figure, comme un nuage. Il se tourna vers Marinette et dit : « J'ai donc parlé de ça ? » Marinette, qui n'était pas causeuse, répondit par un petit signe affirmatif. Il reprit avec un effort visible :

« Eh bien, puisque c'est commencé, vous saurez tout. C'est l'histoire d'un meurtre que j'ai commis. Je sais bien qu'il le fallait. Le maire m'en avait prié ; tous les conseils municipaux des environs le demandaient depuis longtemps ; je devais le faire. Fais ce que dois ! c'est bientôt dit ; mais tout n'est pas rose dans le devoir. Tenez ! depuis ce temps-là, j'ai mis le feu à une forêt et brûlé plus de vingt hectares de beau bois : je n'en ai pas de remords : tandis que dans l'affaire du petit cheval gris, je crains d'avoir été trop loin. »

Peste ! répondis-je en moi-même. Je pensais, à part moi, que mon nouvel ami avait eu de singuliers devoirs à remplir. Cependant je ne pouvais supposer qu'un homme honorable m'eût placé sous la protection d'un scélérat, et j'attendis à le juger qu'il eût fini son histoire.

Mais le narrateur s'interrompit forcément pour carguer sa voile et prendre les rames : nous étions arrivés.

L'établissement du *Moustique*, assis au bord de l'étang sur une petite dune, est la Thébaïde d'un conducteur des ponts et chaussées. Il habite une jolie maison, solide, quoique bâtie sur le sable. De grandes forêts de pins la protégent contre le vent de la mer; elle ouvre ses fenêtres sur l'étang, les marais et les landes. Dans cette résidence, un mondain périrait d'ennui; un sage y vit heureux. Son bonheur se compose de tous les plaisirs innocents qu'on voit décrits dans les romans de Fénelon : ménagère avenante, habitation commode, jardin richement planté, basse-cour populeuse et table bien servie. Si, comme le poëte Lucrèce, il pensait qu'il est doux de s'asseoir au bord de l'eau pour voir le prochain faire naufrage, rien ne l'empêcherait de contempler de jolies tempêtes et des naufrages parfaits sur le modeste étang de La Canau. L'importunité des moustiques est comme une goutte d'absinthe dans cette coupe de miel, mais les moustiques ne renaissent qu'au printemps, et ce n'est que le soir qu'ils sont vraiment insupportables.

Ce qui me surprit au premier abord, c'est de trouver un employé des ponts et chaussées logé si confortablement dans un pays où il n'existe ni ponts ni chaussées. Maître Pierre m'en donna les raisons, mais plus tard.

Les maîtres du logis nous attendaient au rivage, car on nous avait signalés de loin. Comme je cherchais des yeux le port où nous allions descendre, maître Pierre me tira d'embarras en m'apprenant que le port du *Moustique* était encore à construire ; on n'aborde pas, on échoue. Lorsque la proue a touché le sable, un homme de l'équipage se jette à l'eau et tire le bateau aussi loin qu'il peut aller. Les autres débarquent en bondissant, comme les moutons de Panurge. Marinette me donna l'exemple : un grillon ne saute pas mieux.

V

LA PELLAGRE.

« C'est encore nous! dit maître Pierre.

— Et nous rendons grâce au bon vent qui vous amène! » répondit son hôte en lui serrant la main. Les deux femmes s'embrassaient comme après six mois d'absence.

Maître Pierre me poussa sur le premier plan : « Je vous présente monsieur, dit-il à ses amis. Il vient visiter nos déserts, pour redire à Paris ce qu'il aura vu.

— Nos déserts le remercient. Plût au ciel que la France entière pût les voir! Monsieur, vous êtes chez vous. »

Cet accueil me prouva que maître Pierre avait le privilége d'être prophète en son pays.

Marinette et la maîtresse de la maison coururent en avant, donner un coup d'œil au déjeuner. On me conduisit par le chemin le plus long, pour me montrer les jardins. L'habitation en a deux : l'un couché au pied de la montagne, l'autre étagé de bas en haut. Vous savez apparemment que toutes les dunes sont uniformes, et ressemblent à des pains de sucre. Celle du *Moustique* est un pain de sucre dont a coupé la tête. Le sommet, la circonférence et la base, tout est planté et brillant de verdure. Le maître de ces plantations nous montra son domaine avec une complaisance qui sentait plus l'enthousiasme du novateur que la vanité banale du propriétaire. Il me fit observer que le terrain se composait exclusivement de sable pur, de ce même sable dont j'avais pu admirer la stérilité dans les Landes.

Ceci posé, il ajouta : « Le sable a une réputation d'ingratitude assez bien établie. Vous n'êtes pas sans avoir entendu dire que l'engrais jeté dans le sable est du bien perdu. Je l'ai cru comme tout le monde, jusqu'au jour où maître Pierre m'a converti. Nous avons ici des bœufs par douzaines. Pendant le jour, ils transportent des semences dans les dunes; le soir, ils rentrent à l'étable : aussi l'engrais abonde chez nous. Maître Pierre m'a persuadé de fumer les grands terrains plats qui s'étendent au pied de ma montagne. J'ai suivi son conseil, et quant au résultat, le voici. »

Il me fit voir une prairie artificielle où la luzerne avait déjà un pied de haut; un potager où les artichauts, les pommes de terre et les asperges croissalent abondamment derrière une large bordure de fraisiers en fleur; un verger où deux cents arbres de sept ou huit ans, poudrant leurs jeunes fronts d'une neige blanche et rose, promettaient un automne chargé de fruits. N'oubliez pas, s'il vous plaît, que nous étions au 5 avril.

Vers une extrémité de ce lieu de plaisance, maître Pierre me montra malicieusement un petit coin désolé où tous les arbres étaient morts. « Qu'en pensez-vous? me dit-il. Croyez-vous qu'on ait oublié d'y mettre de l'engrais? Pas du tout : il y en a plus que partout ailleurs. Si les racines ont pourri, c'est qu'il reste de l'eau là-dessous. » Il donna du pied sur la terre, le sable fit une grimace, et l'eau vint remplir le vide que son talon avait laissé.

Notre hôte nous proposa de monter à la salle à manger : peut-être avait-il entendu les cris désespérés de mon estomac. Chemin faisant, il me dit : « Vous avez vu comme le sable profite des engrais, lorsqu'on a pris soin de l'assainir en le desséchant. Maintenant, examinez ces arbres forestiers qui poussent sur la dune et qui semblent grimper avec nous : ils vous montrent ce que le sable peut produire à lui seul, sans une parcelle d'engrais. »

Une surprise m'attendait au seuil de la maison. Maître Pierre me montra du doigt un chêne vert de la plus belle venue, aussi grand que les vieux marronniers du Luxembourg. Je m'arrêtai tout court, comme on fait en pays étranger, lorsqu'on rencontre un ancien ami qu'on ne s'attendait pas à trouver là. Il y avait longtemps que je ne les avais vus, ces beaux chênes des forêts d'Italie. La dernière fois que je m'étais couché sous leur ombre, c'était à Rome, sur le Pincio, dans les jardins de la villa Médicis. Ils sont là quelques centaines d'antiques compagnons qui s'appuient les uns contre les autres pour ne pas tomber de vieillesse. Derrière leurs troncs éventrés, au coin des allées étroites, on entend ricaner les faunes de marbre blanc, barbus de mousse jaune ; et dans les taches de soleil qu'ils laissent tomber sur l'herbe, on voit passer de temps en temps quelque large servante romaine, suivie de trois ou quatre enfants babillards.

Le déjeuner était sur la table. Je regardai le bel arbre, je cueillis machinalement une de ses feuilles luisantes, et je ne sais quoi de doux et de triste me serra le cœur.

Maître Pierre mangea de bel appétit, et les petites dents de Marinette travaillèrent comme de grandes personnes. Je remarquai que l'ancien chasseur s'abstenait de vin et buvait de l'eau vinaigrée. Cependant on nous avait servi du vin de Médoc qui ne venait pas de la Charente.

La maîtresse du logis me demanda ce que je pensais de ses jardins. Elle nous raconta que, lorsqu'elle était entrée en possession de son domaine, elle avait déchiré bien des robes aux broussailles qui cernaient la maison, et tiré quelques coups de fusil contre les serpents qui réclamaient leur place au feu. La jeune dame était d'autant plus fière de ses petits exploits qu'elle avait toutes les apparences d'une nature frêle et délicate. La métamorphose du désert en jardin lui faisait autant d'honneur qu'à son mari, et elle n'était pas fâchée d'avoir un peu payé de sa personne.

Elle me répéta à deux reprises, comme maître Pierre et comme son mari, que tout ce qu'on m'avait fait voir avait poussé dans le sable. Je ne m'expliquais pas fort bien cette insistance, et je finis par demander timidement la clef de cette question des sables. Le sable ne m'avait rien fait; je ne nourrissais aucune animosité contre lui; je n'en disais de mal à personne, et tout le monde paraissait avoir à cœur de me réconcilier avec le sable!

La jeune dame me répondit : « Si nous aimons à montrer nos jardins, si nous répétons à tout venant que nos légumes, nos fruits, notre pain, notre bois, tout à poussé dans le sable, c'est moins pour faire admirer les résultats de notre travail, que pour faire deviner l'avenir de tout ce pays. En faisant l'apologie du sable, nous plaidons la cause des Landes; car enfin, qu'est-ce que les Landes ? Une plaine de sable trempé. Lorsque maître Pierre l'aura desséché dans toute son étendue (et il le fera sans débourser un centime), le sable fournira des grains, des légumes et des fourrages, partout où l'on pourra lui donner de l'engrais; il nourrira sans engrais les arbres forestiers que vous avez admirés tout à l'heure, et vous verrez, sur 600 000 hectares de sable, la reproduction exacte de nos deux jardins. N'est-il pas vrai, maître Pierre ? »

Le bonhomme était familièrement accoudé sur la nappe, et ses yeux, tournés vers l'avenir, visitaient je ne sais quels pays inconnus. Mais son esprit ne s'était pas envolé bien loin de la terre, car il revint sans effort à la conversation : « Ma foi! oui, madame, répondit-il; vous avez bien parlé : nous verrons ces choses-là avant qu'il soit longtemps. Je ne demande qu'une vingtaine d'années pour prolonger vos jardins jusqu'à Mont-de-Marsan. Ah! ceux qui voient les Landes aujourd'hui ne les reconnaîtront plus guère!

— Certainement, dit Marinette. Moi, qui suis née à Bulos, quand je retourne au village, je ne m'y reconnais déjà plus. »

Je demandai à quelle époque avait commencé la transformation du pays. Maître Pierre répondit simplement : « C'est en 1844 que j'ai rencontré Marinette.

« Le 17 juillet, reprit la jeune fille en étouffant un soupir. C'est une date que je n'oublierai de ma vie, quand je vivrais un siècle entier. L'année avait été dure au pauvre monde, surtout au pauvre monde de Bulos. Notre village était en ce temps-là le plus malsain des environs; on l'appelait le Porge du Porge : or vous saurez que *porge* veut dire cimetière dans notre patois. On y vivait bien mal sur la terre, et l'on se couchait bientôt dessous. Les filles commençaient à perdre leurs dents à quinze ans. Tout ce malheureux peuple pourrissait sur pied, comme des arbres qui ont les racines dans l'eau. Pour lors, mon père était berger chez les autres; il gagnait cent vingt francs par an et dix hectolitres de blé mélangé. Maman nous faisait la cuisine; c'était bientôt fini, je vous en réponds. Moi, j'avais tout près de six ans, mais j'étais si petite et si chétive que je n'aidais encore à rien. Voilà que la pellagre nous prit tous les trois en même temps. Monsieur ne sait peut-être pas ce que c'est que la pellagre? En ce cas, il est aussi savant que les médecins. C'est une maladie qui vient on ne sait d'où, mais lorsqu'elle s'en ira d'ici, personne ne demandera de ses nouvelles. En attendant, on estime qu'il y a trois mille pellagreux dans les Landes. Les uns disent : c'est l'air; les autres : c'est l'eau; les autres : c'est la nourriture. On accuse le millet, le seigle, le blé de Turquie; on s'en prend aux sardines et aux anguilles salées. Toujours est-il que c'est une maladie qui n'attaque pas les riches. Elle commence dans l'estomac, mais elle arrive aussitôt à la surface, comme une mauvaise herbe qui va fleurir partout. Elle a bientôt raison d'une jolie fille, et elle la change si bien que les amoureux se sauvent en la voyant. La peau noircit, bourgeonne, se plaque et s'enfarine. Quand les cheveux sont pris, c'est bien une autre affaire. Vous voyez que les miens ne sont pas mal aujourd'hui ; en ce temps-là, vous ne les auriez pas touchés. Ma mère dépérit si vite qu'on aurait vu la chandelle à travers son corps. Mon père s'en fut au Porge consulter le médecin, car nous n'en avions plus depuis que M. Blaquière était parti. Le médecin du Porge ordonna le bon vin et la viande rôtie, mais il ne pouvait pas nous en donner, et ma mère s'éteignit comme une pauvre lampe sans huile. Mon père me mit chez une voisine, et continua d'aller aux champs, tout malade et tout fatigué qu'il était. Tous les soirs, il rentrait plus faible et nous essayions de manger, mais nous n'avions goût à rien. Le matin, il ne savait jamais s'il pourrait se tenir sur ses échasses. Ses nerfs étaient si dérangés et sa tête si faible que quelquefois, voulant aller en avant, il reculait de plusieurs pas en arrière. C'était comme un bateau qui fuit à la dérive quand les avirons ne vont plus. Je sentais bien que son courage était mort, et quand il s'asseyait sur le banc, la tête dans les deux mains, je voyais quelque chose de sombre au fond de ses yeux. Mais je ne savais que lui dire pour le consoler de la vie, et je pleurais inutilement sur ses genoux. Enfin, il désespéra plus qu'il n'est permis à l'homme. L'excès du mal le décida à me laisser seule en ce monde, et il devança son heure, qui pourtant n'était pas loin. Je m'éveillai devant son cadavre comme au milieu d'un mauvais rêve, et je me demandai un instant quel était ce fantôme suspendu à la poutre du toit.

« Les voisins accoururent à mes cris, on m'emporta de la maison, et je fus bien malade. Le premier homme que je vis en rouvrant les yeux, c'est celui-ci. Il revenait de la chasse....

— C'est bon, c'est bon! » interrompit maître Pierre. Il prévoyait que la jeune fille allait parler de lui, et sa modestie se mettait en garde. L'excellent homme n'aimait pas à entendre rappeler le bien qu'il avait fait. Les seules louanges qu'il pût souffrir étaient celles qu'il se donnait à lui-même. Mais il eut beau se défendre : tout le monde se mit à parler à la fois. On me conta qu'il était arrivé à Bulos le jour où Marinette devint orpheline; qu'il avait enterré lui-même dans un coin du cimetière le corps du suicidé; qu'il s'était chargé de l'enfant, qu'il lui avait tenu lieu de père et de mère.

Lorsqu'il vit que le concert de louanges allait durer longtemps, il prit le parti d'achever la narration que Marinette avait commencée.

« Eh bien, oui, dit-il gaiement, en souriant à sa

pupille, j'avais de l'ambition, je voulais savoir tous les métiers, et j'ai profité de ta rencontre pour apprendre celui de bonne d'enfant. D'ailleurs, j'allais sur vingt ans, je n'étais plus un petit garçon, il était temps d'aimer quelque chose de moins inanimé que mon fusil; tu m'es tombée sous la main; tant pis pour toi! tu as payé pour tout le monde. Mais tu m'as donné bien du mal, mauvaise tête! Figurez-vous que mademoiselle ne voulait pas se laisser soigner; elle demandait à mourir; il fallait la ramener à ses parents! Comme je lui aurais donné le fouet!... si elle avait été assez forte pour le recevoir. Elle refusait mes remèdes : des ailes de perdreau nouveau-né et des filets de caneton! Elle me jetait ma tisane à la figure : une si bonne tisane rouge, extraite des vignes du Médoc! mais ne craignez rien, elle a eu beau faire. Je l'ai forcée de prendre des forces, parce que j'étais le plus fort! Dans les premiers jours, je ne la quittais guère; à peine le temps d'aller gagner notre vie à coups de fusil. Lorsqu'elle fut guérie, c'est autre chose : je ne la quittai plus. Il fallut prendre de l'exercice, voir du pays, monter sur de longues échasses et respirer la résine sous les grands pins. Voilà un bon régime pour les poumons des petites filles! Un mois plus tard, comme j'allais rondement en besogne, je la mis à l'équitation. Elle a bien souvent galopé en croupe derrière moi; nous avons monté le petit cheval gris.... mais ne parlons pas de ça. Lorsque nous courions un peu trop vite, la peur la prenait et elle s'accrochait à mes cheveux en criant : « *Maman !* » Maman ! voilà bien des idées de petite fille. Cela me paraissait si drôle que j'en riais à pleurer tout le long de mes joues. D'autant plus que ce mot-là, voyez-vous, je n'ai jamais eu la consolation de le dire à personne.

« On vous a peut-être raconté que du jour où j'ai rencontré cette petite j'étais devenu un agronome de première force. Voilà comment on arrange les histoires ! Non, monsieur ; tout changement demande un peu de temps, et un homme ne se refond pas en vingt-quatre heures, pas plus qu'une lande ne se cultive en un jour. J'ai continué ma vie jusqu'à l'hiver, en compagnie de Marinette. Quand j'allais à la chasse, elle trottait sur mes talons. Ce petit voisinage ne m'accommodait pas toujours, moi qui ne peux pas même chasser avec un chien. Le soir, nous dormions ensemble, un jour ici, l'autre là, quelquefois dans une maison, plus souvent dans un parc abandonné. La litière était toujours assez bonne pour moi. Quant à l'enfant, elle avait mon bras pour oreiller et ma veste pour matelas. J'étais si content de la tenir près de moi, que je m'éveillais la nuit pour la regarder dormir. Le moment où elle ouvrait les yeux me semblait tous les jours une fête nouvelle, et ma prière du matin était une malédiction contre la pellagre qui avait pensé me ravir ce trésor-là. Vous supposez bien qu'à vingt ans je n'en étais pas à faire connaissance avec la pellagre. Je l'avais rencontrée un peu partout dans mes promenades, et j'avais vu plus de cent échantillons de son ouvrage. Mais comme elle ne m'avait rien fait, et que je me souciais du prochain comme de la fumée de mon fusil, je ne m'étais jamais avisé de la prendre en haine. Un bourgeois de Paris ne veut aucun mal aux loups ; mais supposez un père à qui les loups ont mangé son petit garçon ! Plus je sentais qu'il me serait impossible de vivre sans la petite, plus ce nom de pellagre me faisait grincer les dents.

« L'hiver approchait, les grandes pluies commençaient à tomber, et je prévoyais déjà le moment où cette eau maudite s'évaporerait pour empoisonner les environs. Chaque fois que j'entendais annoncer la mort de quelqu'un, je m'en prenais à la pellagre. Quand je rencontrais un enterrement, j'ôtais mon béret au pauvre mort, et je montrais le poing à la pellagre. Je rabâchais entre mes dents un proverbe qui dit :

> Tant que Lande sera lande,
> La pellagre te demande.

« Je défiais la hideuse maladie, je me colletais en songe avec elle. Je me sentais de force à bouleverser la terre et le ciel pour la chasser de chez nous.

Je me disais : Rien ne me coûtera, et s'il n'y a pas d'autre moyen de nous délivrer, eh bien ! je changerai la face du pays; la Lande ne sera plus lande !

« Comme j'étais ignorant de toutes choses, et que la somme de mes idées aurait tenu dans la cervelle d'un lapin, je pris le parti d'aller jusqu'à Bordeaux consulter un homme de science. Je confiai Marinette à une brave femme que je connaissais, et je m'en fus à la ville avec un jambon de sanglier ; car le Landais n'a pas coutume de demander rien pour rien. En arrivant aux allées de Tourny, je déposai mes échasses dans une maison, et je me promenai, le jambon sous le bras, jusqu'au théâtre, arrêtant les passants pour demander l'adresse du plus savant homme de Bordeaux. Les uns me riaient au nez, car j'avais bien l'air d'arriver de mon village ; les autres me disaient : « Que lui veux-tu, au plus savant « homme de Bordeaux ? » je répondais : « Je veux « lui porter un jambon pour qu'il m'enseigne tout ce « qu'il sait. » Alors on me tournait le dos. Cependant, comme j'étais bien décidé à ne pas remporter mon jambon, je finis par trouver un jeune homme de quinze à seize ans qui m'envoya chez son professeur, dans les environs du Beffroi. Je donnai mon jambon à la servante, et elle me fit entrer dans une chambre toute pleine de livres : il y en avait dans les armoires, et sur les tables, et sur les chaises, et par terre et partout. L'homme de là dedans était assis au fond d'un grand fauteuil. Il avait bien quatre-vingts ans sonnés, et je me dis qu'il devait être assez savant s'il avait passé tant d'années au milieu de tant de livres. Il m'invita poliment à prendre une chaise, mais je restai sur mes pieds, de peur d'écraser un auteur ou deux, et j'exposai l'affaire qui m'amenait. Dès les premiers mots il m'arrêta pour me dire que je m'étais mal adressé, qu'il n'entendait rien à la pellagre, et qu'il était professeur de vieux latin. Je compris que le petit jeune homme s'était moqué de moi, et je regrettai d'être venu, d'autant qu'il n'y avait pas à espérer qu'on me rendît le jambon. Cependant, comme la dépense était faite, je restai le plus longtemps que je pus, afin de tirer quelque chose du vieux savant. Il avait une bonne figure et deux petits yeux plus jeunes que lui. Le malheur est qu'il mâchait ses paroles entre ses gencives, et qu'on n'entendait pas trop bien ce qu'il disait. Mais moi, je tendais l'oreille de toutes mes forces, et j'appliquais mon esprit aussi vigoureusement que ce fameux jour où le vieux berger me chargea mon fusil.

« Mon garçon, me dit le professeur, je n'ai guère
« étudié les choses de notre temps, et je ne t'apprendrai que des vérités vieilles comme le monde.
« On assainit un pays en desséchant les marais, en
« défrichant la terre, en coupant les arbres lorsqu'il y en a trop, en les plantant lorsqu'il n'y en a

« pas assez. La terre est une jalouse qui tue ceux
« qui la négligent. Malheureusement on n'en a ja-
« mais pris assez de soin, parce que les imbéciles,
« qui sont la majeure partie de notre espèce, crai-
« gnent de se déshonorer en touchant à la charrue.
« Vois-tu ce petit livre-ci ? Il a été écrit, il y a dix-
« neuf cents ans, par un grand poëte et sous un
« grand empereur, à la seule fin de persuader aux
« gens qu'il n'y a rien de plus noble que l'agricul-
« ture; mais cela n'a pas converti grand monde. Il y a
« treize cents ans, saint Benoît, dont tu as peut-être
« entendu parler, s'est mis à prêcher d'exemple avec
« tous ses moines; mais ils ne pouvaient pas piocher
« toute la terre, et il est resté bien de l'ouvrage
« après eux. Voici quatre-vingt-dix volumes écrits
« il y a une centaine d'années par un homme bien
« malin et bien respectable, à qui les bonnes actions
« ne coûtaient pas plus que les bonnes plaisanteries.
« Ce que j'estime avant tout dans ses quatre-vingt-
« dix volumes, c'est une petite sentence que tu feras
« bien de retenir : « Cultivons notre jardin. » Va
« cultiver ton jardin, mon garçon; tu y trouveras
« la santé et la santé de ceux que tu aimes. Marie-
« toi de bonne heure, tâche d'avoir beaucoup d'en-
« fants; fais-en des cultivateurs, et pour cela, ne
« leur apprends à lire que lorsqu'ils sauront la-
« bourer. »

« Quand il eut fini de parler, je lui dis : « Mon

« brave monsieur, j'étais presque fâché d'avoir
« donné le jambon, mais à présent, si j'ai un regret,
« c'est de n'en pas avoir apporté deux. Vous avez
« beau n'être qu'un professeur de vieux latin, vous
« m'avez appris des choses que je retiendrai toute
« ma vie. Je m'en retourne à Bulos dessécher les ma-
« rais, défricher mes cinquante hectares, et planter
« autant d'arbres qu'ils en pourront contenir. Si,
« après tout ça, la pellagre s'en prend à nous, elle
« sera dans son tort. N'ayez pas peur, je soignerai
« mon jardin, comme dit l'autre. Comment l'appe-
« lez-vous, ce cultivateur-là? » Il se mit à rire et à
tousser si fort que je n'en eus pas de réponse; mais
j'achetai une pioche avant de revenir au pays.

« Vous croyez peut-être que je n'ai eu qu'à m'y
mettre et que l'ouvrage a marché tout seul? Ah!
bien oui! D'abord il fallait vivre, et par conséquent
chasser : je ne défrichais qu'à mes moments perdus.
Ensuite, nous étions en hiver, ma propriété touchait
aux marais et l'eau me gênait beaucoup. Enfin, je
ne tardai pas à reconnaître qu'il me faudrait un siècle pour arracher les bruyères, les brandes et les
ajoncs sur un kilomètre de long et cinq cents mètres de large. Je me fis aider par tous ceux qui
avaient du temps à perdre. Quelques-uns me don-
nèrent un coup de main par amitié : je leur avais
rendu service. Je payai les autres sur ma chasse. Ce
défrichement-là a coûté la vie à bien des sangliers.

Au mois de février, la place était nette : j'y semai du pin et du chêne.

« Mais j'avais attrapé mes vingt ans, sans m'en apercevoir, et il s'agissait de tirer au sort. Lorsqu'on m'en fit souvenir, je sentis comme une maison qui me tombait sur la tête. J'étais trop bien constitué pour me faire réformer, et trop fier pour aller me cacher dans les dunes. Vous qui êtes riche, puisque vous demeurez à Paris, vous vous seriez acheté un homme. Mais en ce temps-là, mes cinquante hectares tout défrichés ne valaient pas un remplaçant. Je pris donc mon parti en brave, et, quand le moment fut venu, je me rendis au canton avec la petite, qui justement n'allait pas trop bien depuis l'hiver. Je savais que si le sort tournait contre moi elle n'avait pas longtemps à vivre, et rien que de penser à ça, j'avais le cœur dans un étau. Elle marchait sans rien dire le long de mes échasses, car elle n'a jamais beaucoup bavardé ; c'est moi qui parle pour deux. Je lui disais : « Ma pauvre enfant, nous allons jouer « une grosse partie. Tâche que j'aie un bon nu- « méro ; il y va de tout pour toi. S'il faut que je dé- « campe avec les conscrits, le colonel ne me per- « mettra pas de t'emporter sur mon sac. Si tu étais « un garçon, ou seulement un petit chien, on pour- « rait voir ; mais les filles ne sont pas admises à sui- « vre le régiment. Et qui est-ce qui prendra soin de « toi quand je ne serai plus là ? Tu n'es même

« pas assez forte pour aller aux champs avec les
« moutons. Il n'y aura plus de pain pour tes petites
« dents, et il faudra que tu fasses comme si la fin du
« monde était arrivé trop tôt. » Que voulez-vous
qu'elle répondit à ça? Elle pleurait; mais il n'y a pas
de larmes de femme qui effacent un mauvais numéro!

« Je comptais qu'elle pourrait bien tirer pour moi
et que sa main me porterait bonheur; mais on me
dit que cela n'était pas permis, et j'entrai tout seul
dans la salle. Vous pouvez penser si l'on me regarda : j'étais si célèbre! On savait déjà dans tous
les environs que j'avais défriché mes landes et fait
des semis. Les gens du bureau me lorgnaient du
coin de l'œil. Ils n'auraient pas été fâchés de me voir
amener le numéro 1; et, de fait, un chasseur comme
moi aurait été le premier soldat du royaume. Quand
le maire appela mon nom, je n'étais point pâle
comme les autres : j'étais vert. Mais je tirai 86; il
n'y en avait pas un meilleur dans le sac! Je ne fis
qu'un saut jusqu'à la porte, et je ramassai ma pauvre petite créature qui s'était mise à genoux devant
la mairie, et qui priait, les bras en croix. »

En écoutant ce récit de maître Pierre, je m'amusais à en suivre les reflets sur le visage de Marinette. La jolie Landaise avait une de ces physionomies mobiles qui changent dix fois dans un instant.
Sa figure ouverte était comme l'eau d'une source

qui réfléchit en courant tout ce qui passe sur ses bords. Elle avait surtout un petit nez mutin comme un écolier en vacances, et qui parlait plus souvent qu'à son tour. Le nez le plus parfait dépare une jolie tête s'il a l'immobilité stupide du carton peint. Celui de Marinette exprimait mille passions diverses par des mouvements si délicats que l'esprit les percevait avant que la vue les eût saisis. J'attachais mon attention à ce joli truchement de ses pensées, et j'écoutais de tous mes yeux son langage muet. C'était pour moi comme la lecture d'un livre curieux, mais écrit dans une langue qu'on entend mal : on y trouve, au milieu d'un passage le plus clair, une phrase inintelligible. Le souvenir amer des mauvais jours, l'orgueil des épreuves noblement subies, la reconnaissance des services rendus, l'admiration de la faiblesse pour la force se lisaient, pour ainsi dire, à livre ouvert ; mais on devinait à des signes obscurs une tristesse voilée sous le rire, une passion refoulée par la crainte, un manque dans le bonheur présent, un doute des félicités à venir. Aux dernières paroles de maître Pierre, la jeune fille, vaincue par une émotion que nous partagions tous, oublia sa réserve habituelle au point de s'écrier tout haut : « Ah ! maître Pierre ; vous m'aimiez bien ! »

Il répondit d'un ton d'amitié bourrue : « Est-ce que je ne t'aime pas comme en ce temps-là ? »

Elle ne répliqua rien, mais ses narines se gonflèrent, et voici comme je traduisais sa petite grimace, au risque de faire un contre-sens : « Je ne suis plus ce que j'étais alors, et peut-être serait-il raisonnable de m'aimer un peu différemment. »

« Je ne vous ai pas fini l'histoire de mes semis, poursuivit brusquement maître Pierre. La chose ne marcha point comme j'avais espéré. Pour bien faire, mes chênes et mes pins auraient dû lever en mars. Mais la graine des arbres n'est pas comme celle des poissons qui germe dans l'eau. En mars, avril et mai, ma terre était inondée, comme à peu près tout le pays. Le soleil avait beau chauffer de toute sa force, ses rayons s'éteignaient dans une mare. Chênes et pins montrèrent le nez quand tout fut sec, vers les premiers jours de juin ; mais les chênes furent grillés par les chaleurs de juillet. Ils étaient encore trop faibles pour tenir bon ; ils auraient vécu s'ils avaient pu lever deux mois plus tôt. Les pins, qui sont plus durs à cuire, végètent à peu près en toute saison ; mais végéter est le vrai mot : les miens ne devinrent pas bien forts. Ils ont rattrapé le temps perdu depuis les travaux que j'ai faits, mais je veux vous en laisser la surprise : vous les verrez demain matin. Finissez de prendre votre café, après quoi je vous montrerai les dunes. »

VI

LES DUNES.

On m'avertit de plier ma serviette, car nous devions dîner et coucher au Moustique.

Nos hôtes prirent leurs chapeaux : ils étaient de la partie. Le but de notre promenade était une dune élevée, d'où l'on apercevait l'Océan.

Je remarquai que maître Pierre se mettait en route avec ses échasses sous le bras, et je pris la liberté de lui demander à quoi ces meubles incommodes lui serviraient dans la montagne?

« A me rappeler que ma tâche n'est pas finie, répondit-il en souriant. C'est un vœu que j'ai fait, ne vous en moquez pas. Jusqu'au jour où tous les Landais dormiront sur des matelas, je coucherai sur la bruyère. Je boirai de l'eau vinaigrée jusqu'à ce que mon peuple ait du vin à boire, et je ne descendrai de mes échasses que lorsqu'on pourra marcher à pied sec dans les deux départements. Je suis le capitaine de vaisseau, qui débarque le dernier, quand tous les marins ont quitté le bord. »

Il nous conduisit le long des dunes, par des chemins tracés à mi-côte, où les chariots et les bœufs avaient laissé des ornières. A droite et à gauche, de grandes forêts de pins croissaient et multipliaient dans le sable. De temps en temps, à travers une éclaircie, nous apercevions sous nos pieds quelque vallée profonde, entrecoupée de flaques d'eau, tapissée de longues herbes et parcourue par des chevaux entravés.

« Voilà, me dit maître Pierre, ce que nous appelons nos *lètes*. On y trouve des pâturages délicieux qui ont nourri pendant bien des années mes troupeaux sauvages. Mais les voyageurs font bien de ne pas s'y aventurer; c'est là qu'on tombe dans les sables mouvants. »

Après une heure de promenade qui mit un peu de sable dans nos chaussures, notre petite caravane s'arrêta au point culminant de la chaîne, sur une hauteur de cinquante mètres environ. On voyait d'un côté l'Océan déferlant sur la plage; de l'autre, une plate immensité de marais et de landes. Les dunes s'allongeaient comme une arête entre la mer et le pays.

Maître Pierre étendit le doigt vers l'Océan et nous dit:

« Voici le grand ennemi de nos contrées. Il n'y a rien de plus inhospitalier, de plus dur et de plus implacable que cet océan-là. Non-seulement il secoue les navires comme un vanneur son blé, mais il bouche tous les ports où l'on trouverait refuge. Le cap Breton avait un port, il n'en a plus : le Vieux-Boucau avait presque une rade, on n'en voit plus la marque. Les grands vaisseaux ont remonté autrefois jusqu'à Bayonne, et maintenant les petits n'y vont pas sans peine. Le bassin d'Arcachon se ferme peu à peu; il y a six cents ans que le port Saint-Vincent est fermé. Il s'appelle aujourd'hui l'étang de la Canau, vous l'avez traversé ce matin, et il est à dix kilomètres de la mer. Si la Gironde n'est pas bouchée, c'est qu'une masse d'eau comme celle-là sait toujours se faire de la place.

« Vous me direz que c'est un compte à régler entre l'Océan et les matelots : patience ! voici qui nous touche de plus près. Ce même Océan qui se heurte là-bas tout le long du rivage, croyez-vous qu'il n'y jette que de l'écume ! Vous le supposeriez moins généreux qu'il n'est. Chacune de ses vagues apporte une pelletée de sable qui s'accumule le long de la côte. Le total de ses libéralités se monte à un million deux cent quarante-cinq mille mètres cubes, ou, si vous l'aimez mieux, un milliard deux cent quarante-cinq millions de litres par an. Je ne parle que de la Gascogne. Il a ensablé vingt-cinq kilomètres en cinquante-six ans dans le Finisterre; mais ceci regarde les Bretons. Notre part se compose de cent mille hectares du sable le plus pur, aligné en petites montagnes sur la frontière de mes États.

C'est ce que nous appelons la chaîne des dunes. Le gravier qui est dans vos souliers est un cadeau de l'Océan.

« Je vous ai dit que le vent de mer nous apportait tous les ans six mois de grande pluie. C'est l'Océan qui nous envoie ses vagues par l'entremise du ciel. Notre pays est fort plat; cependant, comme il existe après tout une légère pente vers la mer, cette eau-là saurait bien s'écouler en partie et retourner à sa source; mais les dunes arrivent fort à propos pour lui barrer le passage. Voilà comment nous avons des marais au pied des dunes. Celui qui a pris soin de nous inonder ne pouvait pas négliger d'enfermer l'eau chez nous.

« Ce n'est pas encore tout, et si vous étiez venu ici il y a cinquante ans, j'aurais pu ajouter un beau paragraphe à mon réquisitoire. En ce temps-là, les dunes marchaient contre la terre, à la façon d'une armée, en poussant les marais devant elles. On ne s'était pas encore avisé de les fixer sur place en y plantant des arbres, si bien que le sable était libre de sa personne comme la poussière des chemins. Le vent de mer l'emportait par poignées pour le jeter plus loin, et les dunes déménageaient en détail. Elles ne couraient pas comme des lièvres, mais elles faisaient leurs vingt mètres par an, une demi-lieue par siècle. Rien ne les arrêtait : on élevait des barrières, et les barrières étaient enjambées. Elles escaladaient bien autre chose, et je sais plus d'une place où, en grattant la terre avec le doigt, on retrouve le coq d'un clocher. Nos paysans s'ingéniaient à sauver leurs villages : quelquefois, quand la brise soufflait de terre, ils se rendaient tous ensemble sur la dune avec des paniers pour jeter le sable au vent et le renvoyer d'où il était venu. Mais les pauvres diables n'avançaient pas à grand'chose, parce que chaque homme a cinquante occupations, tandis que l'Océan n'en a qu'une. Non-seulement nos landes y auraient passé, mais encore le Languedoc et les plus belles plaines de France ; et les marais poussés par les dunes, les dunes poussées par le vent ne se seraient arrêtés dans leur marche que lorsqu'il aurait plu à l'Océan de garder son sable pour lui.

« Mais l'Océan a trouvé son maître dans la personne de M. Brémontier (ici maître Pierre ôta pieusement son béret, comme Newton lorsqu'il prononçait le nom de Dieu). Cet homme-là est mon précurseur et mon modèle ; il a fait sur les dunes le miracle que j'ai commencé dans les landes, et je n'accepterai une statue d'argent que lorsqu'il en aura une d'or. Il a commencé sa besogne à la fin du dernier siècle, et il était ingénieur des ponts et chaussées. C'est lui qui a eu l'idée de planter ces belles forêts qui maintiennent les dunes à leur place. Il a cherché un arbre assez rustique pour résister au voisinage de l'Océan : il a trouvé le pin maritime, que la brise la plus salée nourrit au lieu de l'incommoder. C'est un arbre qui ne s'enfonce dans la terre que pour rester en place; ses racines ne sont pas gourmandes. Il s'alimente dans le ciel comme les hirondelles; il se nourrit de sel comme les moutons, et de l'air du temps comme les amoureux. En attendant, ce qu'il tient entre ces griffes, il ne le lâche pas. Ses racines, larges et profondes, domptent le sable et compriment vigoureusement la mobilité du sol. Si l'on pouvait semer du pin sur les vagues de la mer, la mer serait fixée et les flots ne bougeraient plus.

« M. Brémontier n'a pas réussi sans peine, ni moi non plus. On s'est d'abord moqué de lui, ensuite on lui a fait des niches, car les Landais sont farceurs, je crois vous l'avoir dit. Plus d'une fois il a trouvé du charbon sur pied à la place où il avait laissé des arbres. Mais le gouvernement a compris qu'il était dans le vrai, et les secours ne lui ont pas manqué. L'État s'est mis à ensemencer les dunes qui étaient du domaine, en exhortant les autres propriétaires à faire comme lui. Les particuliers n'ont pas décroisé les bras: on devait s'y attendre. Mais Napoléon entendait les affaires, et comprenait qu'il est aussi flatteur de mettre une bride à l'Océan que de frotter une douzaine d'armées. Il a dit aux propriétaires : « Puisque vous ne voulez pas em-
« ployer le bon moyen pour arrêter vos dunes qui

« me mangent mon territoire, je vais mettre la main
« dessus. Je les ferai planter par mes ingénieurs,
« et l'on vous les rendra quand je serai rem-
« boursé de mes frais. » Voilà, en trois mots, le décret
de 1810. Tous nos paysans le connaissent bien, car
il n'y a pas besoin d'être Normand pour savoir
la loi.

« Depuis ce temps-là, le gouvernement a enterré
tous les ans une jolie somme dans les dunes. On
est parti de cent mille francs, on est allé jusqu'à
cinq cent mille. Mais cet argent-là a si bien profité que, même après avoir arrêté les dunes, on n'a
pas arrêté les frais. On s'est aperçu qu'en prenant
une mesure de salut national on avait fait une excellente affaire, et l'on continue par spéculation ce
qu'on avait entrepris par nécessité. Lorsque M. Brémontier s'est mis à l'ouvrage, les dunes étaient
sans aucune valeur, comme n'importe quel fléau,
la grêle, par exemple : on ne porte pas la grêle au
marché. Or, en 1844, le ministre des finances disait à la chambre des députés qu'il ne les donnerait
point pour quarante millions. Vous m'en offririez
cent millions, à moi, que vous ne les auriez pas.

« Je conviens avec vous que le pin est du bois
blanc et qu'on n'a pas mal de bois blanc pour cent
millions ; mais regardez-moi cet arbre-ci. Il a vingt-
cinq ans d'âge et douze mètres de haut. On a fait
dans son écorce une entaille qui descend jusqu'au

pied et qui s'arrête ici, à cette petite cavité pleine de résine. Il va saigner sans interruption pendant une quarantaine d'années. On rafraîchira de temps en temps la blessure, en la prolongeant dans la hauteur. Lorsqu'on sera arrivé en haut, on recommencera de l'autre côté, puis à droite, puis à gauche. Enfin, le jour où l'arbre aura fait son temps, on le saignera à mort, sur les quatre côtés à la fois, comme un homme à qui l'on ouvre les quatre veines.

« La résine, c'est de l'or en barriques. On en fait du brai, de la colophane, des essences, des vernis, et tout ce qu'on veut. Pour le quart d'heure, elle se vend à Bordeaux 65 francs les 220 litres ; mais elle n'en restera pas là, car elle est demandée et on lui trouve tous les jours un emploi nouveau. Un pin donne 25 ou 30 centimes de résine par an. Quand je n'en aurais que deux cents sur un hectare, et si chacun ne me rapportait que cinq sous, j'aimerais mieux toucher 50 francs que 50 centimes, et je dirais qu'il vaut cent fois mieux élever des pins que des moutons. Mais nous avons le bois par-dessus le marché. Si on le brûle sur place, on fait du charbon à plein sac et du goudron à pleine tonne. Si on l'envoie à Bordeaux, on livre à la marine un bois parfaitement égoutté, bien sec, bien ferme, bien élastique, et dont les charpentiers se lèchent les doigts. Aussi l'hectare de pins vaut 500 francs à vingt-cinq ans, 600 à trente et 1200 à soixante.

« Lorsqu'on a vu que le pin avait bien pris, on a dit ? « Si nous essayions un peu du chêne! » On a donc semé des glands. Mais voici bien un autre miracle. Dès la première année, on s'aperçoit que le chêne ne se plaît que dans le sable, qu'il a été créé et mis au monde pour vivre là, que telle est sa vocation, et que si on l'a semé jusqu'ici dans d'autres terrains, c'était par ignorance de ses appétits. Mon vieil ami, ici présent, peut vous édifier là-dessus. L'administration ne l'a pas établi dans les dunes pour offrir à déjeuner aux aimables voyageurs, mais surtout pour semer des pins et des chênes; il vous dira si la pousse des chênes nous a tous étonnés. Tout le monde s'attendait qu'un arbre lancé si vite serait mou, creux ou léger, une mauvaise herbe enfin. Eh bien, non : le chêne des dunes a trouvé le secret de grandir comme le saule et de durcir comme le fer. C'est une chose qu'il faut voir pour y croire. Les ingénieurs de la marine sont venus ici, ils n'ont pu que vérifier les faits, ôter leur chapeau, et donner leur langue au chat. Le chêne est bon, le chêne n'est pas du bois blanc, il se vend cher sur la place de Bordeaux. Un hectare de chêne peut donner jusqu'à 150 francs de revenu; s'il rapporte 150 francs, il en vaut 3000 : voyez-vous les millions?

« Ce n'était pas l'argent qui me tracassait quand je suis venu étudier par ici; vous vous en souvenez bien. Je n'avais que la pellagre en tête; je voyageais pour la santé de Marinette, et je voulais savoir si l'on trouvait des pellagreux en pays sec et planté. Chaque fois que je rencontrais un résinier ou un bûcheron, un charbonnier ou un garde, je lui demandais des nouvelles de la pellagre, et il me riait au nez. Ces gaillards-là, monsieur, se portent comme leurs arbres. Je compris alors que les feuilles vertes distillent la santé sur la tête des hommes, et que le vieux savant ne m'avait pas menti. Mais la vue de ces beaux millions qui poussaient sur les dunes me donna des idées nouvelles. Tous les Landais ne savent pas lire, mais vous n'en trouverez pas un qui ne sache compter. M. Brémontier avait créé des capitaux lorsqu'il ne songeait qu'à construire des remparts. Je m'avisai, moi, qu'on pourrait chasser par la même porte la pellagre et la misère, et qu'il n'en coûterait pas plus pour enrichir les Landes que pour les assainir. Depuis que je ne vivais plus comme un bohémien, et que je n'étais plus le camarade des loups, je sentais ma pauvreté et celle des autres. La belle couleur des ajoncs, qui m'avait fait tant de plaisir, commençait à me faire pitié ; je boudais cette misérable terre que j'avais tant aimée ; je lui reprochais de n'être bonne à rien, parce que je me sentais bon à quelque chose. Je repensais toujours à notre éternel mouton grignotant notre éternel hectare. Lorsque je sortais dans la campagne avec la petite, je lui disais : « Veux-tu manger dans l'argent, marcher sur des tapis, te faire servir par des domestiques, et porter des foulards de dix francs sur ta tête? Trouve-moi un bon moyen de dessécher ce sable-là. Ce qui nous rapporte tous les ans dix sous de laine et de viande rendra cinquante francs en résine ou cinquante écus en bois de chêne. Et nous ne perdrons même pas les dix sous, car le mouton pourra brouter ses quatre épingles au pied des grands arbres! »

« En attendant, mon patrimoine allait bien mal, depuis que j'en avais chassé les moutons. Les cinquante hectares du Sergent avaient payé fidèlement leurs dix sous par tête jusqu'au jour où je les avais mis en culture; défrichés et semés, ils ne rendaient plus rien du tout. C'est au plus si ma peine et mon argent avaient laissé trace sur la terre. Les mauvaises herbes repoussaient avec une vigueur merveilleuse sur un sol ameubli et remis à neuf, mais les pins jaunes et rabougris disaient assez par leur mauvaise mine qu'ils avaient les pieds mouillés. J'allais les voir tous les jours et je ne riais guère, car mon idée ne me sortait pas de la tête, et j'étais buté. Comme il fallait gagner ma vie et nourrir la petite, j'essayais de tous les métiers. Je pêchais sur l'étang, et je n'avais pas la main malheureuse; je travaillais avec Randoz, qui construit des bateaux, j'allais dans les dunes avec les résiniers, je faisais quelques journées à la Canau, dans la fabrique d'essence; mais je ne tenais pas en place et je revenais toujours à mes semis. Mon ancien tuteur me rencontrait quelquefois en menant paître ses moutons, et c'était à son tour à se moquer de moi. « Qu'est-ce que tu cherches-là? me disait-il; tu as l'air d'un âne devant un pont. Eh bien, garçon, nous avons donc fait le fils de famille? Nous avons résilié nos baux, congédié nos fermiers, administré nos biens nous-même. Voilà bien la jeunesse! on croit en savoir plus que les anciens; on veut changer ce que le bon Dieu a fait, et l'on perd vingt-cinq bonnes livres de rente! Je suis bien fâché que ce malheur-là soit tombé sur toi, mais espérons que l'exemple ne sera pas perdu pour le pays! » Je ne pouvais pas me mettre en colère contre un homme d'âge. Je lui répondais : « C'est bon! c'est bon! Attendez seulement que j'aie retiré l'eau qui est là-dessous. — Qu'est-ce que tu en feras? me disait-il; veux-tu la boire? » Et il s'en allait content de lui, parce que le Landais aime bien à plaisanter. Tout le village s'égayait aux dépens de mes pauvres pins malades; on venait les voir en partie de plaisir, histoire de rire un bon moment; la lande du Sergent avait changé de nom : on l'appelait la Folie-Pierre. Moi, je m'attachais à mes arbres comme un père à ses enfants, en raison du mal que j'avais à les élever.

« Il y a dans les Landes, à 15 kilomètres de Bordeaux, une propriété aussi célèbre par les soins qu'elle a coûtés que par les résultats qu'elle a fournis. J'avais passé par là plus d'une fois, du temps que je vagabondais le fusil sur l'épaule : mais alors je ne regardais la terre que pour chercher les perdreaux. Je savais que le propriétaire avait fait là des choses surprenantes, et de fait, c'est un jardin miraculeux. Si vous aviez le temps d'y aller voir, on vous montrerait des pins, des cèdres et des chênes de tout pays, des magnolias de vingt mètres, des cyprès de vingt-cinq et des tulipiers de vingt-huit. Je pris le parti d'aller m'y mettre à l'école et de voir par mes yeux s'il me serait possible d'en faire autant. Le vieux jardinier qui menait tout, me donna de l'ouvrage et ne me refusa pas ses leçons. Je lui racontai que mes pauvres arbres étaient bien malades, et il me montra que je pourrais les sauver, si j'étais seulement millionnaire. C'était prescrire une potion d'or pur à l'enfant d'un pauvre homme.

« Voici comme on s'y prend là-bas pour cultiver la lande. On commence par défricher proprement un hectare, ensuite on le plie en deux. Si vous ne comprenez pas comment on peut plier un hectare, prêtez-moi votre mouchoir de poche, et je vous ferai toucher la chose du doigt. »

Je donnai mon mouchoir à ce singulier prestidigitateur qui se vantait d'escamoter, comme une muscade, la misère de deux départements. Il étendit le carré de toile sur le sol, et poursuivit ainsi son discours : « Vous savez que la terre des Landes n'a pas plus de deux pieds de profondeur au-dessus de l'alios. Le mouchoir vous représente un hectare de terre d'une profondeur de deux pieds, étalé par la nature sur un hectare de grès. Si je plie le mouchoir en deux, vous aurez d'un côté double étoffe, et, de l'autre, le grès tout nu. Par ici, un demi-hectare où les arbres pourront enfoncer leurs racines dans quatre pieds de terre; par là un demi-hectare d'alios qui ne produira jamais rien. Reprenez votre mouchoir; je n'en ai plus besoin si vous m'avez compris.

« Le vieux jardinier, homme d'expérience et de savoir, m'apprit que si mes arbres étaient malades, c'était parce que le sol manquait de profondeur. Il me conseilla, puisque le Sergent m'avait laissé cinquante hectares, d'en prendre délicatement vingt-cinq et de les porter sur les vingt-cinq autres; à ce prix, mes arbres iraient bien. Que si je voulais faire profiter tout le pays du bénéfice de sa découverte, c'était un total de trois cent mille hectares à transporter à la pelle sur les trois cent mille autres, qui ne manqueraient pas de prospérer, surtout avec de l'engrais.

« Je craignis que ce mode de culture ne fût trop coûteux pour de pauvres gens comme nous, et je prévis que nous ne serions jamais assez riches pour faire fortune. Mais on me parla d'un monsieur de Paris qui était venu dans les Landes pour essayer le drainage. Je m'en allai frapper à sa porte et il ne fut pas mécontent de m'avoir pour ouvrier. Les bras sont rares dans le pays, surtout les bras comme les miens. Je passai toute une année à ouvrir des tranchées, à placer des tuyaux, et à établir sur la terre un système d'égouts plus compliqué que celui qui s'étend sous les rues de Bordeaux. L'hiver survint, il plut comme à l'ordinaire, mais il n'y paraissait pas à l'endroit où nous avions drainé. L'eau traversait le sable comme la lumière traverse une vitre; le champ s'égouttait dans les tuyaux, les tuyaux se vidaient dans les fossés, la terre était sèche comme sous un parapluie. On y sema des chênes; ils levèrent en mars et se gardèrent bien de mourir en juillet. Le propriétaire était aux anges.

« Je lui fis une visite d'adieu, et je lui dis : « Monsieur, nous avons fait une bien grande bêtise. D'abord nous avons dépensé deux cent cinquante francs par hectare dans une terre qui n'en valait pas cinquante : il ne faut pas que la façon coûte cinq fois plus cher que le drap. Ensuite nous avons planté des arbres au-dessus de nos tuyaux, comme si les arbres ne devaient jamais avoir de racines : avant deux ans, les tuyaux seront cassés ou déplacés, et tout notre ouvrage démoli. Vous en serez pour vos frais, et personne ne vous imitera dans le pays, d'autant plus que nous n'avons pas de terre glaise pour fabriquer des tuyaux. Mais je ne regrette pas l'argent que ça vous coûte, car j'ai trouvé ici le secret que je cherchais. Je vais guérir mes arbres, chasser la pellagre, enrichir le pays, gagner de l'argent gros comme moi ; et faire une belle dot à Marinette. »

Maître Pierre s'arrêta brusquement, comme si ses dernières paroles lui étaient restées à la gorge. Il se leva, remit son béret, et descendit dans la côte par un chemin escarpé : toute la compagnie le suivit. Marinette venait derrière moi ; je ne me rappelle plus ce que j'avais à lui dire, mais, en tournant la tête de son côté, je vis qu'elle s'essuyait les yeux du revers de la main.

VII

HISTOIRE DU PETIT CHEVAL GRIS.

La *tête* où maître Pierre nous conduisit était une étroite vallée, longue d'une demi-lieue, sur une largeur de trois cents mètres au plus. A peine y eûmes-nous fait quelques pas, que notre guide se détourna en nous criant de regarder ce qu'il allait devenir. Au même instant, il entra dans le sol comme un acteur dévoré par une trappe : le sable avait manqué sous lui. Nous le vîmes noyé jusqu'aux aisselles ; le haut de son corps surnageait seul, avec les échasses qu'il tenait sous le bras. Vous auriez dit un naufragé qui se sauve sur un aviron. Mon premier mouvement fut de courir à son aide, mais on me retint par les basques de mon habit. Le conducteur des ponts et chaussées me dit : « Laissez-le donc ; vous voyez bien qu'il fait sa classe. Il n'amène aucun voyageur dans les dunes sans plonger au moins une fois pour donner à ses hôtes le spectacle des sables mouvants. Avouez qu'il est difficile de faire plus généreusement les honneurs de son pays et de sa personne ! »

En effet, maître Pierre semblait moins occupé de se ravoir que de m'instruire. Il se mouvait lentement et s'expliquait vite, combinant ses gestes et ses paroles de manière à faire durer l'accident aussi longtemps que la leçon. Je soupçonne pourtant qu'il était moins à son aise qu'un professeur en chaire.

« Voici, me disait-il, comment la chose s'est passée. Il y a une flaque par ici. Vous ne la voyez pas, mais je la sens : il fait humide autour de moi. Le vent de mer (déjà nommé) a semé du sable sur l'eau : le sable est resté à la surface au lieu d'aller au fond. Vous savez qu'on peut faire nager une aiguille, en la posant délicatement. Il s'est donc formé une couche de sable, assez épaisse pour tromper les yeux. Les gens du pays devinent le danger à la couleur du terrain, mais il ne faut pas s'y fier : les animaux s'y laissent prendre, quoiqu'ils aient plus d'instinct que nous. Si jamais vous tombez dans un *mouvant*, ne vous débattez pas, ne vous amusez pas à nager en chien ; vous pourriez vous noyer. Le mieux est de prendre patience ; de sortir peu à peu, lentement, par petits efforts, et de s'arrêter après chaque mouvement pour laisser au sable le temps de se tasser.

« C'est ce que je viens de faire tout en causant,

et me voilà dehors. Cependant, quelquefois la mare est profonde, il y a de la vase au fond, et l'on y reste. »

Il secoua le sable humide qui s'était collé à ses vêtements, et il nous mena sans autre incident vers un petit troupeau de chevaux et de bœufs. Bœufs et chevaux étaient comme des forçats au bagne; on avait pris soin de les entraver. « Voici, me dit maître Pierre, le gros bétail des Landes : je n'ai pas besoin de vous faire remarquer comme il est petit. Vous voyez des animaux qui, de père en fils, n'ont jamais mangé tout leur soûl. Ils sont braves pourtant, et ne craignent pas la peine : bons ouvriers, monsieur, quoique mal nourris. Ces chevaux qui ressemblent à des poulains, sont bien pris dans leur petite taille, et beaucoup plus forts que vous ne supposez. Ils jettent du feu sous la cravache comme la pierre sous le briquet. Croyez qu'ils rendraient des points aux grandes rosses allemandes qui trottent sur le pavé de Bordeaux. Ils ne ressemblent pas plus aux chevaux des villes qu'un chat sauvage à l'angora d'une marchande. Si je leur ôtais leurs entraves, ils prendraient la clef des champs, ils s'établiraient à leur compte, et, si l'herbe venait à leur manquer, ils aimeraient mieux mourir de faim que d'aller mendier à la porte d'une écurie. Il y a de l'avenir dans cette race-là. Laissez-moi le temps de greffer mes sauvageons et de leur mettre un peu de sang arabe ou anglais dans les veines ; vous verrez si la cavalerie légère ne viendra pas se remonter chez nous ! En ce temps-là nous aurons des routes roulantes, et les carrioles feront trois lieues par heure à la queue d'un petit cheval landais.

« Pour le moment, nous employons le bœuf aux charrois comme au labourage. Nos chemins sont encore si mauvais que les chevaux y perdent patience et cassent leurs traits. Le bœuf est un particulier plein de raison et de sagesse, qui ne sort jamais de son sang-froid et vient à bout de tout par la lenteur. Un enfant le conduit sans danger : on n'en peut pas dire autant à la louange du cheval. Si sobres que soient nos chevaux, nos bœufs le sont encore davantage. Leur déjeuner se compose d'un tampon de paille saupoudré d'une poignée de son ou d'une pincée de sel. Ainsi bourrés, ils remercient leur maître, et retournent à l'ouvrage. Et puis nous sommes pauvres, et l'équipage des bœufs coûte moins cher que le harnais des chevaux. Enfin les bœufs donnent plus d'engrais et de meilleur.

« Vous m'excuserez, si je prends la liberté de parler d'engrais devant un homme de la ville. Mais si vous vous intéressez à nos Landes, il importe que vous sachiez tout. Je me suis chargé d'assainir le pays sans demander un centime au Gouvernement, et d'élever partout des pins et des chênes : voilà ce que je peux faire sans engrais. Mais en resterons-nous là, et n'y a-t-il pas quelque chose de mieux ? Quand j'aurai donné à la France une forêt de six cent mille hectares, je lui aurai fait un assez joli cadeau. Les hommes en profiteront sans doute ; moins pourtant que les renards et les écureuils. Je ne serais pas fâché de voir nos deux départements se peupler comme les autres, et le jour où nous compterons plus de vingt habitants par lieue carrée, ce n'est pas moi qui irai porter plainte à Paris. On a remarqué que les forêts n'attirent pas la population, bien au contraire : cela tient sans doute à ce que l'homme ne se nourrit plus de glands. Vous voyez s'il y a de belles forêts sur les dunes ; cependant les anciens villages qui y dorment sous le sable n'ont pas fait mine de s'éveiller. Si nous voulons accroître ou seulement conserver la population des Landes, il faut que chaque commune ait sous la main son blé, ses légumes et ses fruits. Et comme ces denrées-là ne poussent pas dans le sable pur, il faut bon gré mal gré que je trouve de l'engrais.

« Je sais bien où l'on en vend. Quand vous passerez sur le port de Bordeaux, vous verrez débarquer des sacs jaunes qui empestent la ville et les faubourgs. Saluez par respect et bouchez-vous les narines par prudence. C'est le *guano*, un engrais sublime, qui arrive en droite ligne du Pérou. Malheureusement, la lande est trop pauvre pour goûter de ce pain-là, et le guano n'est pas fait pour notre nez. On ne nourrit pas les porcs avec des amandes, et l'on ne sème pas des louis de vingt francs pour récolter des pièces de dix sous. J'ai plaisanté le monsieur de Paris qui dépensait deux cent cinquante francs pour drainer un hectare de cinquante ; que dirait-on de moi si l'on me voyait étaler mille francs de guano sur un hectare qui en vaut cent ? C'est pourquoi je m'en tiens au fumier de mes bœufs.

« Mais un hectare de froment dévore le fumier de cinq bêtes à cornes, et le bétail n'abonde pas chez nous. Vous voyez ici nos meilleurs pâturages. L'herbe y est excellente, mais rare en diable : on la mange sur pied, mais de foin pas un mot. La disette de fourrage est si grande que nous reprochons à nos bœufs la paille qu'ils avalent en hiver. Ne vaudrait-il pas mieux l'envoyer à Bordeaux pour emballer des bouteilles ? Dans un pays où la paille vaut 25 francs le mille, c'est presque une prodigalité de la donner aux bêtes.

« Si j'avais quelques bonnes prairies au lieu des plaques d'herbes que vous voyez là, je serais tout rassuré sur l'avenir de mes villages. Les prairies nourrissent les bœufs ; les bœufs labourent la terre et donnent l'engrais ; l'engrais nourrit les blés, et les blés nourrissent le peuple. Il ne faut pas plus d'un hectare de pré pour fournir à tous les besoins de trois bœufs. Donnez-moi vingt mille hectares de bons herbages, j'entretiens un supplément de soixante mille bêtes à cornes qui fumeront tous les ans douze mille hectares de blé. »

Je répondis à maître Pierre que je regrettais sincèrement de n'avoir pas vingt mille hectares de prairies à lui offrir.

« Merci, dit-il, je les ai trouvés.

— En Normandie?

— Plus près d'ici, mais dans un endroit où personne n'aurait eu l'idée de chercher.

— Où donc?

— Sous l'eau sale de nos marais. Ne riez pas : les vingt mille hectares y sont, et je ne demanderai de subvention à personne pour les tirer de là.

— Et quand verrons-nous cette merveille?

— C'est l'affaire de deux ans : un an pour obtenir les permissions nécessaires, un an pour exécuter la besogne.

— Eh bien, je viendrai voir cela dans deux ans, mais à une condition.

— Dites.

— C'est qu'après m'avoir montré vos troupeaux dans vos prés neufs, vous me fournirez l'occasion de tirer un bœuf sauvage. »

Il me glissa un regard en dessous et répondit d'un ton quelque peu bourru : « Les bœufs sauvages? Vous savez bien qu'il n'y en a plus : j'ai tout tué. Pourquoi me remettez-vous encore sur le chapitre de ma jeunesse? Je n'en parle jamais que le cœur ne me saigne. Ne voyez-vous pas qu'il y a en moi deux hommes différents et contraires, dont l'un retourne la tête vers le passé, tandis que l'autre se précipite vers l'avenir? Quand ma tâche sera finie, on admirera tout uniment ce que j'ai fait, sans me tenir compte de mes regrets et de mes larmes. J'ai sacrifié tous mes goûts à la prospérité de ce pays, moi qui étais créé pour cultiver les champs comme un ajonc pour produire des pommes. Oui, ce qui me place au-dessus des autres bienfaiteurs de l'humanité, c'est que j'aurai eu plus de mal à me défricher moi-même qu'à labourer six cent mille hectares!

« Mais j'ai promis que vous sauriez tout; je ne m'en dédis pas. Aussi bien, vous avez écouté patiemment mes discours sur la résine et sur les engrais, et toute peine est digne de loyer. Quand les enfants ont été bien sages à l'école, on leur conte une histoire à la fin de la classe.

« La première fois que je me suis trouvé face à face avec un taureau, j'avais treize ans d'âge, six mois de chasse et peu d'habitude de mon fusil. Je trottais à pied dans les dunes, entre la mer et l'étang de Carcans. Un lapin me part entre les jambes, je le tire, je le manque; un mugissement effroyable s'élève au milieu des jeunes pins, et je vois sortir un mufle noir, deux gros yeux rouges et deux cornes pointues. Je vous avoue franchement que j'eus peur. Je ne sais pas ce qu'un petit Parisien de treize ans aurait fait à ma place, mais je jetai mon fusil comme un méchant fantassin, et je pris mes jambes à mon cou. La bête courut-elle après moi? je n'en sais rien; mais je crus entendre un bruit de sabots et même un souffle haletant derrière mon dos. Je n'aurais pas retourné la tête pour un empire. Finalement, je me laissai choir sur le nez quand je fus au bout de mes forces. Mes oreilles tintaient comme deux cloches d'église et l'effroi chatouillait désagréablement la racine de mes cheveux.

« Si j'avais été un enfant élevé comme les autres, j'aurais dit : « J'ai vu le diable et il m'a poursuivi de ses cornes parce que je lui avais mis un grain de plomb dans l'œil. » Mais je n'avais jamais fréquenté les catéchismes et je ne savais rien de rien, sinon que dans les dunes on rencontrait des taureaux sauvages. Il y en avait eu de tout temps, et on les avait toujours vus par petites bandes, suivis de leurs vaches et de leurs veaux. Personne ne les réclamait; ils n'appartenaient qu'à eux-mêmes et à celui qui savait les prendre. Il n'y avait pas moyen de les confondre avec le bétail des troupeaux, parce qu'ils étaient plus petits, et surtout parce qu'ils couraient sur l'homme sans attendre que l'homme courût sur eux.

« Je demeurai deux jours dans la position du soldat sans armes. La peur de revoir un taureau à mes trousses était plus forte que la tentation d'aller quérir mon fusil. On a beau être chasseur de naissance, on a aucune vocation pour le rôle de gibier. Cependant je pris mon courage à deux mains et je retournai dans les bois où le pauvre fusil se rouillait en attendant son maître. Je le cherchai longtemps ; peut-être avais-je les yeux un peu troublés. Les visions les plus cornues m'arrêtaient à chaque pas, et je voyais tous les buissons lever le museau pour me donner la chasse. Je suis pourtant, modestie à part, l'homme le plus brave que j'aie jamais connu.

« A partir de ce moment, je rêvai bœuf, et cela nuit et jour. La prudence me prit comme une maladie. J'évitai les dunes, de peur de mauvaise rencontre, et je me cantonnai dans la lande. Sur les dunes, les échasses ne servent de rien : dans les landes, j'avais triples jambes, et d'ailleurs j'étais chez moi. Mais la chasse était si belle dans les dunes, que je ne me consolais pas d'en être exilé. Certes, je ne chômais ni de lièvres ni de perdrix, et pourtant j'étais aussi triste qu'un épervier réduit à gober des sauterelles. Je maudissais les taureaux et toute leur famille, et ma haine pour eux se compliquait d'ambition et de convoitise. Je me disais quelquefois qu'il est bien noble et bien avantageux de tuer trois cents livres de viande d'un seul coup. J'aurais voulu planer sur une tête et fusiller mes ennemis du haut des airs : il n'y a pas d'homme qui n'ait jamais envié les ailes de l'oiseau. Si du moins j'avais eu un cheval !

« Voilà comment l'idée me vint de faire alliance avec les chevaux sauvages : il en restait une vingtaine dans les dunes. Leur histoire était bien connue. On se rappelle encore le temps où tous les chevaux du pays pâturaient librement dans les lôtes, sans entraves aux pieds. Ils vivaient à leur fantaisie, mangeaient ce qui se rencontrait sous leur dent, s'accouplaient suivant leur caprice, et dégénéraient à qui mieux mieux. Les pouliches étaient pleines à dix-huit mois, quelquefois même à un an : c'est ainsi que la race est devenue si chétive. Nos paysans ne faisaient pas la dépense d'un pasteur pour surveiller ce petit monde-là. Chacun savait le compte de ses bêtes, et chaque bête portait la marque de son maître. Chaque poulain qui naissait était pris, marqué et renvoyé à la mère. Lorsqu'un homme avait besoin de ses chevaux, il les démêlait dans la foule et les emmenait chez lui. Les plus gais faisaient quelques façons pour se laisser prendre; mais, comme ils n'étaient pas en révolte ouverte, on en venait bientôt à bout. Il suffisait de les séparer des autres, de les pousser dans un canton qu'ils ne connaissaient pas, ou de les fatiguer à la course : au pis aller, on leur lançait quelque chose dans les jambes.

« Lorsqu'on vit clairement que les chevaux, du train dont ils se gouvernaient, finiraient bientôt par ressembler à des rats, on changea de méthode. Les riches bâtirent des écuries, les pauvres fabriquèrent des entraves ; on décida une battue générale et l'on prit tout le troupeau d'un seul coup de filet. Il en échappa cependant cinq ou six qui, traqués de toutes parts et harcelés nuit et jour, devinrent tout à fait sauvages et prirent en horreur la figure humaine. Ils vécurent comme des brigands poursuivis par la gendarmerie ; ce qui ne les empêcha pas de croître et de multiplier. Du plus loin qu'ils flairaient homme ou femme, ils se donnaient du champ, et le plus fin coureur du pays aurait usé ses jambes jusqu'aux genoux avant de les rejoindre. On leur tendit des embuscades et l'on put en attraper quelques-uns, mais ce n'était pas un jeu d'enfant. Vous auriez dit que les coquins avaient juré de mourir plutôt que de se rendre. Ils lançaient des ruades à casser un homme en deux, ils mordaient l'ennemi jusqu'aux os, et il ne faisait pas bon se trouver à leur portée lorsqu'ils boxaient des pieds de devant. Le vieux garde-champêtre de Bulos porte encore leurs marques : c'est un coup de poing de cheval qui lui a fendu le front jusqu'au nez.

« Tels étaient les alliés avec qui je comptais déclarer la guerre aux taureaux sauvages. Ils habitaient dans ces environs-ci, je connaissais leurs retraites, et je les ai vus plus d'une fois, mais de loin. C'était surtout avec le chef de leur république que je désirais lier amitié : quelque chose me disait que je n'aurais plus mon égal au monde si je parvenais à monter le petit cheval gris.

« Pour peu que vous restiez dans nos contrées, vous entendrez réciter bien des légendes sur le petit cheval gris, mais personne que moi ne peut vous conter son histoire. Il avait sept ans lorsque je l'ai connu, et c'était l'animal le mieux fait, le plus leste et le plus vigoureux de sa race. On aurait pu écrire sa généalogie ; on savait de quel père et de quelle mère il était né, et il appartenait à plusieurs propriétaires ; mais il ne portait la marque de personne. Son grand-père était un cheval du Porge, et une de ses grand'mères avait été chez un homme de la Canau : c'est pourquoi bien des gens réclamaient quelque droit sur lui. Celui qui l'aurait mis dans son écurie aurait dû rembourser plus de cinquante écus à ses copropriétaires, car la bête valait de l'argent. Les parts se vendaient, s'achetaient à toutes les foires, à tous les marchés, et dans tous les cabarets le dimanche. Il n'y avait pas de paysan qui n'eût acquis ou cédé, moyennant finance, un dixième ou un vingtième du petit cheval gris. Pendant tout ce trafic, la noble bête promenait sa bande à travers les dunes, choisissait les campements, plaçait des sentinelles sur les hauteurs, et veillait au salut de ce peuple à quatre pattes.

« Je préparai les choses de loin pour être admis en sa présence. Si j'étais allé de but en blanc lui crier : Ami ! il aurait détalé avec tout son monde, du plus loin qu'il m'aurait vu. La démarche ne m'eût rien rapporté, pas même un coup de pied dans l'estomac. Je m'avisai donc qu'il valait mieux le prévenir de ma visite en lui détachant quelque personne de son espèce qui parlât en ma faveur et lui dît quel homme j'étais. Pour cette ambassade délicate, je choisis une petite créature de trois ans, qui semblait d'humeur libre et aventureuse : c'était la jument noire d'un propriétaire de Bulos. Je la visitai régulièrement pendant deux mois dans le champ où elle était entravée. Je la comblai de politesses, je la bourrai de morceaux de sucre et je lui prouvai par mes libéralités que j'étais un bienfaiteur juré de sa race. Lorsqu'elle fut bien accoutumée à moi et qu'elle me reconnut de loin, je guettai le moment favorable, et un soir qu'elle hennissait mélancoliquement, les naseaux tournés vers les dunes, je lui déliai les pieds. Tant pis pour le propriétaire !

« Huit jours après, je vins rôder autour du troupeau sauvage pour voir si ma commission était faite. Je reconnus de loin l'ambassadrice en grande conversation avec le petit cheval gris : je ne sais pas si elle lui parlait de mes affaires. Toujours est-il qu'elle me vit ou me flaira de loin, car elle partit d'un petit galop coquet pour me rejoindre. Son camarade la suivit du même pas, et toute la bande accourut derrière eux. Mon cœur battait bien fort et le temps me parut long jusqu'à leur arrivée. J'étais cloué derrière un buisson de genêts, n'osant ni avancer ni reculer d'une semelle, je ne savais point si j'avais affaire à des amis ou à des ennemis, si l'on me recevrait comme un allié ou comme le garde champêtre de Bulos. Le moindre pas en avant pouvait effaroucher ces nouvelles connaissances; la fuite me rendait suspect et me livrait aux pieds des chevaux.

« Le chef galopait d'un air d'arrogance et portait haut la tête, comme pour me demander ce que je venais faire chez lui. Le peuple étonné suivait son prince avec une obéissance inquiète, les oreilles droites, le nez au vent. Il était facile de voir que ma figure déplaisait à ces gens-là, et si l'on m'avait proposé de l'échanger, pour un moment, contre une tête de cheval, j'aurais encore donné du retour.

« Mais la jument noire, après une cabriole en mon honneur, vint chercher le morceau de sucre que j'avais dans la main. Le petit cheval gris allongea la tête à son tour, et je lui payai ma bienvenue. Je m'étais armé d'une livre de sucre dans mes poches et d'un litre de vin dans ma gourde, et les animaux sont toujours pris par leurs vices, exactement comme nous.

« Le petit cheval gris n'était pourtant pas un animal ordinaire. C'était un être dans mon genre, mieux doué que ses pareils et supérieur à son espèce. Nous n'étions parfaits ni l'un ni l'autre, mais ses défauts mêmes le distinguaient des chevaux. Il buvait sec, et plusieurs fois nous nous sommes grisés en tête-à-tête, sans dire un mot, comme deux Anglais. Il s'accoutuma facilement à manger la viande cuite et crue, et quand nous avions couru la grosse bête, il faisait la curée à lui tout seul. Aussi fallait-il voir de quelle ardeur il m'emportait à la chasse, de quel courage il abordait le taureau ! Quand il voyait l'ennemi à portée, je n'avais rien à lui dire : il se plantait sur ses quatre pieds, et ne bougeait non plus qu'une pierre, tandis que mon coup de fusil éclatait entre ses deux oreilles.

« Je le montais à cru, car il refusa obstinément la bride et le mors, mais il ne refusait ni le danger ni la fatigue. Il obéissait un peu à la voix, un peu à la pression des jambes et beaucoup à son caprice. Quand j'essayais de lui passer une corde autour du nez, il ne se privait point de me mordre les bras. Si je le serrais entre mes jambes un peu plus fort qu'à son appétit, il se cabrait jusqu'à terre, et nous roulions sur le dos. Voilà comme il me rappelait de temps en temps que nous n'étions pas un maître et un valet, mais deux puissances alliées galopant ensemble à la guerre.

« Il y a des gens qui vont jusqu'en Espagne pour voir vingt hommes et autant de chevaux s'acharner contre une bête à cornes. On la fatigue en fuyant devant elle, et on lui plante un grand couteau dans l'épaule lorsqu'elle demande grâce et qu'elle n'en peut plus. C'était bien autre chose chez nous, je vous en donne mon billet! L'homme qui vous parle s'est vu seul avec un fusil à deux coups dans un cercle hérissé de cornes menaçantes. Et je ne suis pas mort; et me voici! Personne n'était là pour applaudir le vainqueur et recoudre le vaincu; je m'applaudissais tout seul et me recousais moi-même. Je l'ai recousu bien souvent aussi, ce pauvre petit diable qui galopait, la mort dans le ventre, quand ses boyaux pendaient sous lui. Ah! j'aurais bien mieux fait de le laisser mourir d'un coup de corne : je me serais épargné le chagrin de lui casser la tête.

« Nous étions une vraie paire d'amis. Je pouvais m'éloigner, courir à mes affaires et le laisser plusieurs mois sans nouvelles; je le retrouvais toujours tout prêt à me servir. Je ne sais pas ce qu'il faisait en mon absence, car je ne lui demandais pas compte de l'emploi de son temps; mais je parie qu'il chassait de son côté et qu'il s'amusait à forcer quelques lièvres. Il était devenu carnassier comme un chat depuis que je l'avais fait mordre à la viande; et s'il mangeait quelquefois une touffe d'herbe, c'était comme un plat de légumes à la fin de son dîner. Quand je revenais de voyage, il accourait à moi, la bouche sanglante.

« Il avait malgré tout un grand fonds de douceur et de bonté, car il ne lui arriva jamais de me mordre jusqu'au sang. Lorsque je lui présentai la petite, il se laissa caresser de bonne grâce et il ne se fâcha point de porter une personne de plus. Vous auriez bien ri de voir Marinette au milieu des chevaux sauvages. Vous croyez peut-être qu'un enfant devait être en danger dans cette singulière compagnie où l'on plaisante à coup de pied et où il y a toujours quelques ruades dans l'air? Eh bien, mes animaux montrèrent des attentions maternelles pour la petite fille. On dit que les chevaux écrasent quelquefois les enfants : ce n'est pas les chevaux, c'est les cochers. Une bête attelée ne s'appartient plus; elle va brutalement, comme une machine, partout où le fouet la pousse et la bride la conduit. Mais les chevaux en liberté se rangent devant un enfant, et lorsqu'un troupeau hennissant traverse au galop la grande rue d'un village, on voit de petites figures rouges sourire au milieu des croupes énormes, et de petits pieds nus courir entre les sabots ferrés.

« Vous savez, monsieur, que les meilleurs amis se perdent de vue. Je passai l'année 1846 à apprendre le drainage à deux cent cinquante francs, le drainage des riches : le petit cheval gris m'attendit longtemps. Je revins chez nous au commencement de l'hiver pour assainir le pays à ma façon et essayer sur mes cinquante hectares le drainage des pauvres. Mon ancien tuteur, qui était devenu maire de Bulos, me prit par l'oreille et me dit : « Comme fonctionnaire municipal, je dois t'encourager : les circulaires de M. le Préfet me l'ordonnent positivement. Mais, comme un ami, je trouve que tu vas recommencer tes bêtises. Si tu as quelques sous d'économie, enterre-les dans un trou, suivant l'exemple que nos parents nous ont donné; ne sème pas ton argent sur un terrain qui ne t'en rendrait pas la monnaie. Pourquoi laisser ton fusil au clou, toi qui es le premier chasseur de France et des environs? Tu nous as débarrassés des taureaux sauvages qui étaient une grande contrariété pour le pays et un véritable écueil : j'ai approuvé d'autant plus sincèrement cette mesure, que tu m'as régalé de chasse et approvisionné de cuir pour mes souliers. Mais il te reste une bonne besogne à faire. L'administration supérieure a décidé formellement qu'il y avait trop de loups et que les loups mangeaient trop de moutons : par ainsi, qu'il serait accordé une prime de vingt-cinq francs par tête de loup, morte ou vive, dont la patte devra être transmise par mes soins au siége du gouvernement. Règle-toi là-dessus et décroche ton fusil : les devoirs de ma charge respective ne me laissent pas le temps de t'en dire plus long. »

« Comme le drainage de mes cinquante hectares allait me coûter près de quinze cents francs et que je n'en avais pas plus de mille, je suivis le conseil de M. le maire en ce qui concernait les loups. Cet hiver-là, monsieur, fut peut-être le plus heureux de ma vie, parce que j'eus de quoi satisfaire en même temps l'homme nouveau et le vieil homme. Tous les jours je livrais bataille à mes anciens camarades les loups, je respirais la fumée de la poudre, je buvais à pleins poumons la vapeur résineuse des forêts, et, comme les loups d'hiver ne sont pas timides, je m'enivrais du plaisir sauvage de braver et de vaincre le danger. Tous les dimanches, je revenais à Bulos, et l'on me faisait fête. Je comptais mes pattes de loups, j'empochais un sac d'argent blanc, je payais mes ouvriers comme le premier entrepreneur venu, je visitais mon champ qu'on ne trouvait plus si ridicule, et je me promenais à pied sec dans mes cinquante hectares, au milieu d'un pays inondé. Le soir, je soupais chez le maire et je faisais danser Marinette sur mes genoux. Mais le petit cheval gris n'était d'aucune de ces parties. La première fois que j'essayai de l'enrôler dans la louveterie, il s'enfuit comme un lâche en m'oubliant par terre. Que voulez-vous? on n'est pas parfait. De même que les plus grands héros sont hommes par quelque côté, il devenait un cheval ordinaire par la peur horrible qu'il avait des loups. J'entrepris deux ou trois fois de le ramener à la charge, et toujours avec le même succès, si bien qu'il se mit du froid entre nous. Nous nous accusions l'un l'autre d'avoir violé nos traités d'alliance : il me reprochait de lui demander l'impossible; je ne lui pardonnais pas de m'abandonner sur le pavé. Les coups de cravache intervinrent dans notre amitié, les ruades ne se firent guère attendre, et de tous les bons sentiments qui nous avaient unis autrefois il ne resta qu'une estime réciproque assaisonnée de beaucoup d'aigreur.

« C'est alors que le maire de Bulos me fit comparaître en sa cuisine, devant le conseil municipal assemblé, car la maison commune n'était pas encore bâtie : « Pierre, me dit-il avec toute la gravité que son écharpe lui prêtait, les administrateurs de Bulos, réunis extraordinairement dans le local ordinaire de leurs séances, sont heureux de récompenser votre conduite par une allocution mémorable et élogieuse. En détruisant les animaux rédhibitoires qui portaient ombrage à la prospérité de nos troupeaux, vous avez purgé le pays. Non content d'avoir donné cette garantie à la sécurité publique dont vos concitoyens étaient perpétuellement menacés, vous avez élevé un monument au progrès en faisant couler l'eau qui infectait le patrimoine de vos ancêtres, suivant ainsi les leçons d'une expérience qui n'avait pas encore été pratiquée et les conseils de vos administrateurs ici présents. Et ce qui ajoute au prix de vos belles actions, c'est que vous étiez un simple enfant de rien, fils de je ne sais qui, nourri dans le vagabondage, et destiné peut-être à finir sur l'échafaud, comme nous sommes prêts à le certifier à votre honneur. Courage donc, jeune homme, et cueillez le laurier qui manque encore à votre couronne civique. Ramenez sous le toit de leurs maîtres légitimes.... ramenez.... ramenez, tu sais bien ce que je veux dire, et, si j'ai oublié la phrase, il n'y a pas de quoi faire l'étonné. Ton petit cheval gris nous ennuie, et j'en ai assez du troupeau sauvage. Va-t'en mettre le grappin sur ces animaux-là, et flanque-moi-les tous à l'écurie. Rondement. »

« Ce discours avait été rédigé par le magister de la Canau, car nous n'avions pas encore une école à Bulos. Tous les conseillers municipaux appuyèrent la proposition du maire, et l'on me fit savoir des communes voisines que je satisferais tout le monde en obéissant à mon tuteur. Je ne sais d'où le mot d'ordre était parti, mais il n'y avait qu'une voix contre les chevaux sauvages, et surtout contre mon ancien ami. Vous connaissez le proverbe : « Qui veut noyer son chien, l'accuse de la rage. » On accusait le petit cheval gris de manger les troupeaux et les bergers, et de faire à lui seul la besogne de trois loups. Je défendais sa réputation, tout en avouant qu'il avait pu changer depuis que nous ne nous voyions plus. Cependant, si l'on m'avait demandé de le mettre à mort, j'aurais refusé tout net. Il fallut que ses propriétaires me promissent de le traiter avec tous les égards qui lui étaient dus, et de lui assurer les invalides pour sa vieillesse. Alors je partis pour le chercher, et je me vantai de l'amener au galop jusque dans l'écurie du maire, qui en avait pour soixante francs. Pendant tous ces pourparlers, les actions avaient monté, et, tel qui s'était procuré une part au prix de dix francs, ne l'aurait plus donnée pour dix écus.

« Je me mis en route sans mon fusil pour inspirer plus de confiance au pauvre petit camarade, et lui prouver que nous n'allions pas faire la chasse aux loups. Il se fit chercher assez longtemps, car il s'était établi avec tout son monde dans les environs d'Arès, pour n'avoir plus le chagrin de me rencontrer. Je vous assure, monsieur, que l'homme qui aurait assisté à notre dernière entrevue en eût été touché. On ne se fit point de reproches, on ne dit pas un mot des querelles passées, on oublia quelques griefs réciproques pour ne se rappeler que les bons jours. Nous pleurions tous les deux :

lui, du plaisir de me revoir; moi de l'idée que j'allais le trahir. Je sautai sur son dos, et il s'y prêta de bonne grâce; je le flattai des deux mains, il se mit à hennir joyeusement, et partit au petit galop. Toute sa bande était là, attendant mon bon plaisir: car nous allions tantôt seuls, tantôt escortés de vingt chevaux. Je leur fis signe de venir avec nous, et ils galopèrent à notre suite en si bon ordre, que j'avais l'air d'un capitaine de hussards à la tête de vingt cavaliers invisibles.

« Tout alla bien jusqu'à cinq cents mètres de Bulos. Les paysans étaient rentrés chez eux de peur d'effaroucher les bêtes. Mon petit cheval gris ne témoignait aucun soupçon, quoique étonné de sortir de ses dunes et de parcourir un pays inconnu. Lorsqu'il vit que nous courions droit au village, il retourna deux ou trois fois la tête vers moi, et le regard de ses gros yeux ronds troubla quelque peu ma conscience. Mais comme j'étais allé trop loin pour reculer, j'affermis mon assiette, je serrai ses flancs entre mes mollets, et je lui sanglai un coup de bâton le long de l'épaule. Mais, va te promener! il se roula par terre comme un chien gêné par les puces. Je sentis craquer tous mes os, et je fus aussi meurtri qu'un grain sous la meule. Lorsqu'on vint me ramasser, je croyais être en miettes et qu'on me porterait au village dans trois paniers. Quant aux chevaux, serviteur! ils étaient loin.

« Mais j'étais piqué dans mon amour-propre, et l'affaire ne pouvait pas en rester là. Je pris trois semaines de repos, juste le temps qu'il fallait pour soigner ma courbature ; après quoi je montai une expédition dans toutes les règles. Je rassemblai les meilleurs chevaux et les meilleurs cavaliers du pays, je choisis les positions, j'occupai les défilés, je disposai des relais de distance en distance, je taillai à chacun sa besogne, et quand tout fut prêt pour fatiguer, dépayser et cerner l'ennemi, je jetai mon fusil sur mon épaule et je mis le pied dans l'étrier.

« Vous ne le croiriez pas si vous le lisiez dans un livre, mais la poursuite dura huit jours. Je courais comme un Cosaque, bride abattue, sans manger ni dormir. Quand mon cheval tombait sous moi, je sautais sur un autre, et j'en fatiguai plus de trente avant de joindre le troupeau. Mes compagnons entraînés par l'exemple, étaient comme des fous. Ils galopaient, ils criaient, ils déchiraient les flancs de leurs montures à grands coups d'éperons, ils déchargeaient leurs fusils en l'air pour exciter les chevaux et s'étourdir eux-mêmes. Quant au petit cheval gris, c'était bien le général le plus étonnant qui eût jamais commandé une armée. Il fit des prodiges pour ménager son monde et pour nous mettre sur les dents Il fuyait savamment par les chemins les plus courts et les plus faciles, jusqu'à ce qu'il vît ses gens en sûreté. Lorsqu'il les avait installés à bonne distance et dans un joli pâturage. Il leur disait : « Mangez, soufflez et reposez-vous ; moi, je veille. » Aussitôt il montait sur quelque dune élevée, et il nous regardait venir. Savez-vous ce que nous lui avons pris de monde en huit jours ? trois poulains fourbus et une vieille jument éclopée. Il s'arrêta pourtant, à la fin, recru de fatigue et haletant à faire peine. Nous accourions comme une volée de canards, en poussant de grands cris : il nous attendit de pied ferme, cloué sur ses quatre jambes comme un cheval de bois. Ses camarades harassés ne pensaient plus à fuir, et broutaient l'herbe çà et là autour de lui.

« Je me fis apporter un licol, et je vins prendre possession de mon prisonnier en détournant un peu la tête, car je n'osais pas trop le regarder en face. Il me laissa venir à portée, et, au moment où je m'y attendais le moins, il se cabra de toute sa hauteur et m'appliqua un de ces formidables coups de poing dont on ne se relève pas toujours. Je ne me souviens pas de ce qui s'est passé ensuite, mais un homme qui a la tête fendue n'est point maître de sa colère, et je crois que les vieilles armes dont on s'est servi dix ans vous partent toutes seules entre les mains. Quand je revins à moi, le sang me coulait dans le cou, et je vis par terre un grand corps aplati, allongé, difforme, et qui ressemblait plus à une loque qu'à mon beau, mon noble, mon vaillant cheval gris.

« Les autres se laissèrent prendre sans résistance. Chaque propriétaire démêla son bien, et il y eut quelques bêtes de plus dans les écuries de Bulos et de la Canau. Le maire me dit que j'avais bien mérité de la commune, quoiqu'il y fût pour vingt écus de sa poche. Quelques-uns me firent des compliments, d'autres me reprochèrent ma maladresse et parlèrent de réclamer l'argent que je leur coûtais. Moi, je savais bien que j'avais fait une chose utile en effaçant les dernières traces de la barbarie; mais je fis vœu de ne plus tirer un coup de fusil. Et maintenant, quand je reviens faire une promenade dans les dunes avec des messieurs et des dames, je suis fier de leur apprendre qu'ils n'ont plus rien à redouter, ni de la dent des loups, ni de la corne des taureaux. Je leur montre avec orgueil comme tous les chevaux qui paissent dans les lètes ont de belles entraves aux pieds; et l'on a l'indulgence de me dire que j'ai changé la face du pays. C'est égal, il me ferait un rude plaisir celui qui me rendrait, seulement pour un quart d'heure, mes vingt ans, mes taureaux sauvages, mes loups et la brave petite bête qui galopait si bien et qui m'aimait tant! »

Maître Pierre nous ramena au Moustique sans ajouter un seul mot; vous auriez dit que l'émotion des souvenirs lui coupait la parole. En traversant une lète, il s'arrêta auprès d'un petit cheval pommelé, lui prit la tête dans ses mains, le regarda quelque temps et se remit en route après lui avoir frappé doucement sur l'épaule. Rentré à la maison, il nous précéda au salon et décrocha un vieux fusil suspendu, avec d'autres, à un beau massacre de cerf. C'était une arme de pacotille qui pouvait avoir coûté trente francs en fabrique. Le canon était en fer, de fort calibre; la crosse devait être en mauvais noyer. Il effaça sur le bois quelques taches déposées par les mouches, et gratta un point de rouille qui s'était fixé sur la batterie. Puis il remit les choses en place, et vint dîner avec nous.

Le repas fut d'abord assez triste; cependant on s'égaya sur le tard. Notre hôtesse nous conta quelques-uns des anciens usages du pays; maître Pierre donna un regret à ces vieilles coutumes locales qui coloraient autrefois la vie des provinces et qui s'effacent tous les jours sous l'uniformité du progrès. Avant qu'il soit vingt ans, la naissance, le mariage et la mort se célébreront partout avec les mêmes cérémonies, ou plutôt se passeront sans cérémonie. On voit déjà plus d'une famille landaise enterrer ses morts sans improvisation funèbre, sans cortége de pleureuses, sans hurlements renouvelés des Grecs. Les mariages se font à peu près de même à Bulos et à Paris : il y a dix ans, c'était bien un autre cérémonial! Voici comment on s'y prenait pour demander la main d'une fille. Le galant, paré de sa peau de mouton la plus neuve, allait chercher deux camarades. Il leur confiait à chacun une cruche de vin ou de piquette, et les trois compagnons bras dessus bras dessous, se présentaient à l'heure du souper chez les parents de la fille. Ils posaient le vin sur la table, et l'on ajoutait trois couverts pour eux, car une politesse en vaut une autre. On soupait jusqu'au matin, en vidant les cruches à petits coups et en devisant de toutes choses, excepté du mariage. Aux premières lueurs de l'aube, la jeune fille se levait de table et allait prendre le dessert dans la grande armoire en bois de pin. C'est alors qu'on ouvrait l'œil, et que le cœur battait à tout le monde! Quand la demoiselle apportait un plat de noix, le galant savait à quoi s'en tenir : il était congédié dans les formes, et il n'avait qu'à lever le camp avec ses deux amis et les deux cruches vides. Si elle servait du fromage, des amandes, des raisins secs, et tout ce qui se trouvait dans l'armoire, excepté des noix, les épousailles ne tardaient guère. De cette façon, la main d'une fille était demandée, accordée, refusée sans nul embarras de paroles. Les cruches de vin clairet se chargeaient de la demande; un plat de noix répondait.

Je me mis à conter à mon tour, et j'appris à mes hôtes que cette façon de traiter les affaires était vieille comme la Gaule. Il y a quelques milliers d'années, un navire grec, battu par les vents du Midi, se réfugia dans le plus beau port de la Provence. Le capitaine, jeune et souriant comme les dieux de son pays, vint demander l'hospitalité au brenn gaulois qui régnait sur la côte. « Soupe avec nous, répondit l'homme à la grande barbe. C'est demain que je marie ma fille Marseille, et cette nuit, après boire, elle fera son choix entre les prétendants. » Le Grec et ses matelots assistèrent à la fête. Les jeunes Gaulois témoignèrent la violence de leur amour en vidant les brocs, en jurant dans leur patois et en frappant la table à coups de poing. Le Grec savait peu la langue du pays, mais ses yeux parlaient un langage qui se fait comprendre par toute la terre. Quand le jour fit pâlir la lumière des torches, la jeune Marseille prit une coupe de vin généreux, parsemé de feuilles de roses, et tourna lentement autour de la table pour faire son choix. Elle dédaigna les jeunes chefs qui se retournaient vers elle en lissant leur moustache rousse et en écarquillant leurs gros yeux bleus, et elle s'arrêta auprès de l'étranger, qui ne la regardait plus. Elle lui posa le doigt sur l'épaule et lui tendit la coupe en détournant la tête, plus rouge que les nuages d'été par un beau coucher de soleil. Les Gaulois frémirent de jalousie; mais le Grec n'en fit aucun compte. Il prit la coupe dans sa main gauche en appuyant la droite sur la garde de son épée. Le même jour, il épousa la fille du brenn, et il ne retourna jamais aux rivages de l'Ionie, où sa mère l'attendait en filant de la laine; et les arts de la Grèce fleurirent glorieusement autour de lui; et la place où il bâtit la maison de sa femme s'appelle encore aujourd'hui la ville de Marseille.

Il y avait longtemps que j'avais lu cette légende dans l'histoire de M. Henri Martin, et je la racontai comme elle me revint en mémoire. Mais mon récit obtint un succès que je n'avais nullement prévu. Marinette s'était levée matin, et sa journée, comme la nôtre, avait été bien remplie. A mesure que je parlais, ses paupières brunes s'abaissaient lentement sur ses grands yeux. Je la vis dodeliner de la tête, comme pour approuver ce que je disais; puis ce jeune corps s'entassa mollement au fond du fauteuil, puis elle s'endormit de ce sommeil doux et silencieux qu'on aime à contempler chez les enfants.

Maître Pierre l'emporta tout endormie, avec tant de délicatesse que ses mains n'auraient pas froissé une feuille de rose. Il la déposa dans la chambre où elle couchait d'habitude, et laissa à la maîtresse de la maison le soin de la déshabiller. Il me conduisit ensuite au dortoir qui nous attendait et où l'on avait préparé un bon lit pour moi, un tas de bruyère pour Sa Majesté le roi des Landes.

VIII

LA CAPITALE DE SON ROYAUME.

Le 6 avril, maître Pierre vint au petit jour me tirer par les pieds. « Habillez-vous vivement, me dit-il ; le temps presse, et nous avons beaucoup à faire aujourd'hui. » Cependant, il ne prévoyait pas tous les événements de la journée.

Un pain bis, une jatte de lait et un rayon de miel nous attendaient dans la salle à manger. Nos hôtes s'étaient levés pour nous dire adieu ; Marinette était habillée, coiffée, guêtrée et sous les armes, dès le matin, comme un petit soldat.

On déjeuna sur le pouce ; les maîtres de la maison nous reconduisirent jusqu'au bateau, et je serrai la main à ces amis d'un jour.

Le ciel était gros de nuages, et le vent d'ouest labourait en larges sillons les eaux troublées de l'étang. Maître Pierre nous annonça la pluie en serrant sa peau de mouton autour de ses épaules ; Marinette fit comme lui. Mon manteau m'avait paru lourd la veille et l'avant-veille ; je commençai à craindre qu'il ne fût trop léger.

Le mât criait sous l'effort de la voile ; notre bateau, affilé de l'avant, embrochait les lames l'une après l'autre, non sans embarquer quelques petites choses. Je vidais l'eau avec une écope et Marinette avec un sabot : tout l'équipage était aux pompes. Nous espérions arriver avant la pluie, mais une rivière tomba du ciel et nous surprit à moitié chemin.

On assure que petite pluie abat grand vent ; les grandes pluies n'ont pas le même privilége, car le vent redoubla de force, et je vis le moment où l'étang de la Canau engloutissait maître Pierre et sa fortune. Le petit homme ne se croisait pas les bras comme César, en prononçant des sentences, mais il manœuvrait de toutes ses forces et jurait de temps en temps avec une facilité d'élocution qui ne se trouve que dans le Midi.

Il nous tira d'affaire en nous jetant dans les marais ; ce ne fut pas sans peine. Le bateau s'engagea dans un chenal où la violence du vent ne se faisait plus sentir. La voile s'abaissa, maître Pierre prit un aviron et me donna l'autre, et Marinette gouverna sur Bulos par les chemins de traverse qui font le tour de l'étang. La pluie ne tarissait pas, nous étions ruisselants comme des divinités marines.

« Cela va-t-il tomber longtemps? demandai-je à maître Pierre. Est-ce une pluie sérieuse, ou simplement une giboulée de mars égarée en avril? » Il répondit en souriant : « J'espère bien que nous en avons pour deux mois.

— Vous espérez! ne m'avez-vous pas dit que ces pluies du printemps étaient la ruine du pays?

— Elles sont la fortune de Bulos et de toutes les landes qu'on a pris soin d'assainir. La pluie est fort bonne de soi, lorsqu'on ne la laisse pas croupir en place. Du temps qu'elle inondait mes terrains, elle tuait tout : elle fait croître et prospérer mes arbres, depuis qu'elle traverse le sol sans y séjourner. Les arbres sont des créatures comme vous et moi : un verre d'eau nous fait grand bien, mais nous ne vivrions pas longtemps au fond de la rivière.

— Voilà bien des verres d'eau qui tombent sur vos terrains de Bulos.

— Il n'en tombera jamais trop, puisque l'eau est aussitôt prise, aussitôt rendue. Vous pouvez vous faire une idée de notre printemps par la journée d'hier et celle que voici. Nous avons alternativement grande pluie et grand soleil; le chaud et l'humide abondant chez nous. Dans les landes qu'on n'a point assainies, l'humidité ne sert qu'à pourrir les racines, et le soleil ne chauffe rien que la surface de l'eau. Mais du jour où l'écoulement des eaux est assuré, la chaleur et l'humidité font tour à tour leur office ; nos arbres sont comme de bons bourgeois, le dos au feu, le ventre à table ; ces grandes pluies qui étaient un fléau deviennent un bienfait du ciel, et la végétation opère ici des miracles que vous n'avez jamais vus ailleurs. Du reste, ouvrez les yeux et jugez par vous-même ; nous voici bientôt arrivés. »

Maître Pierre et sa jeune compagne débarquèrent par une pluie battante, aussi tranquillement que si l'averse était tombée à côté d'eux. Les Landais ont cela du canard ; on dirait que l'eau ne les mouille pas. Moi qui sentais chaque goutte pleuvoir sur mes os, je n'avais pas l'oreille aux discours de mon professeur ; le froid paralysait un peu mon attention ; une classe en pleine eau ne flattait aucunement mes goûts. Cependant je savais que le quart d'heure était décisif. J'allais juger par mes yeux si j'avais été instruit par maître Pierre, ou simplement amusé ; si j'étais tombé sur un homme utile ou sur un rêveur agréable ; si la métamorphose des landes était une vérité ou une utopie. Je fis donc un effort héroïque pour ouvrir les yeux sous cette cascade, et je tendis mon esprit comme l'arc d'Ulysse.

On me conduisit à la jeune forêt de maître Pierre, le long d'un fossé large de 2 mètres et profond de 40 centimètres environ. L'eau y coulait à pleins bords, mais sans se presser nullement. « Voilà, dit maître Pierre, le grand collecteur de mon drainage. Toute la pluie qui tombe sur mes cinquante hectares s'écoule par ce fossé vers les marais et les étangs. »

Cinq minutes plus tard, nous entrions dans un bois de la plus belle venue. Cent mille pins maritimes, hauts de 18 à 20 pieds, s'étendaient en ligne droite sur une longueur d'un kilomètre.

« Donnez-vous la peine d'entrer, me dit maître Pierre en franchissant un petit fossé qui faisait le tour de la propriété. J'ai ici cinquante hectares de pins, mais je ne vous en montrerai qu'un seul, car ils se ressemblent tous.

« Voici un hectare ou dix mille mètres carrés de landes, qui fournissait en 1844 la nourriture d'un mouton. Il y a douze ans, j'y ai semé de la graine de pin, aussi drue et serrée que du chanvre et du blé. La première année, mes arbres ont poussé à 10 centimètres au-dessus du sol. L'année suivante, ceux qui n'étaient pas morts sont arrivés à une hauteur de 15 centimètres : voilà comme la végétation se comporte dans les pays inondés. Comme la graine était bonne et le terrain défriché, j'avais environ un arbre par mètre carré, ou dix mille par hectare. Mais, du train dont ils montaient, tout me porte à croire qu'ils auraient eu à dix ans deux mètres de haut, la taille d'un joli soldat.

« En 1847, après avoir étudié le drainage avec ce

monsieur de Paris, j'ai cherché un moyen économique d'écouler l'eau qui incommodait mes petits arbres. J'ai commencé par mesurer le niveau des cinquante hectares, et j'ai vu que le terrain n'était pas aussi plat qu'il en avait l'air. Il descendait en pente vers l'étang, mais la pente était bien faible : un millimètre par mètre ! Si le sol avait été uni comme une planche rabotée, l'eau s'en serait allée tout naturellement où la pente la portait. Mais il y avait ici une taupinière, là une racine de brande, là une empreinte laissée par le pied des hommes ou des animaux : il n'en fallait pas davantage pour retenir mille et une petites flaques qui ne savaient plus par où s'écouler. Qu'est-ce que j'ai fait ? J'ai creusé autour de chaque hectare un fossé large d'un mètre et profond de quarante centimètres. L'eau n'a pas manqué d'y descendre à travers le sable, et, comme il n'y a dans les fossés ni trous, ni taupinières, ni racines, l'écoulement s'est fait en droiture et sans aucune contrariété, suivant la pente générale du terrain. Voyez plutôt ! »

La pluie tombait toujours. Je remarquai, à ma grande surprise, que toute la masse d'eau qui s'abattait sur un hectare traversait rapidement le sol et semblait attirée dans les fossés. La terre s'égouttait à mesure qu'elle était mouillée ; plus heureuse cent fois que mes habits et mon chapeau.

« Cela m'a coûté gros, poursuivit maître Pierre.

Cinq lieues de petits fossés, à raison d'un sou le mètre courant, font mille francs bien comptés. Plus un fossé collecteur, long d'un quart de lieue, et qu'on n'a pas voulu me creuser à moins de trois sous le mètre ; c'est encore une affaire de cent cinquante francs ; plus la sottise que j'ai eue de faire arracher les mauvaises herbes, comme si mauvaise herbe ne repoussait pas toujours. Grand fossé, petits fossé, sarclage des herbes, le tout s'est monté à quinze cents francs, ou peu s'en faut. Je n'avais pas dépensé beaucoup moins pour le défrichement, la graine et les semailles, si bien que chacun des hectares que vous voyez a mangé ses petits soixante francs.

« Mais ne vous mettez pas en peine : je suis déjà rentré dans mon argent et la terre m'a payé le capital avec les intérêts. Vous voyez que je n'ai plus dix mille arbres par hectares ; si j'en ai laissé deux mille, c'est le bout du monde. Le reste a fait des fagots, des échalas et du charbon. Je continuerai les éclaircies tous les ans, et je m'arrêterai à mille arbres par hectare. Lorsqu'ils seront trop énormes, j'en laisserai cinq cents, et je les exploiterai tout à mon aise, tandis que leurs graines semées par le vent feront naître une forêt nouvelle autour d'eux. »

Il s'interrompit pour abattre et écraser un nid de chenilles. Marinette profita de ce temps d'arrêt pour me placer en face d'un jeune pin et continuer la leçon de son maître. « Monsieur, me dit-elle, vous serez peut-être curieux de voir comment nos petits fossés ont hâté la croissance des arbres. On peut mesurer sur le pin la pousse de chaque année. En voici un qui avait grandi d'un demi-pied en deux ans. La troisième année, il a monté d'un mètre, après que maître Pierre eut fait son drainage. N'est-ce pas un vrai miracle?

— Certainement Marinette ; et notre ami est un grand homme. »

Toutefois, en parcourant la propriété sous une pluie infatigable, je me rapprochai de maître Pierre et je lui dis :

« Mon ami, vous avez eu le mérite d'appliquer aux Landes un mode d'assainissement aussi vieux que la terre : le drainage à ciel ouvert. Mais c'est un système abandonné presque partout, car il a de graves inconvénients. Les fossés mangent du terrain ; les fossés ruinent le sol en attirant à eux tous les engrais; les fossés veulent des réparations perpétuelles ; l'eau ravine leurs bords ; le sable vient combler leur lit.

— Allons, répondit-il en riant, je vois qu'il est temps de gagner le village : vous raisonnez impatiemment, comme un homme mouillé. Que mon idée soit vieille ou nouvelle, c'est ce qui m'importe peu : elle était nouvelle pour moi, lorsque je l'ai trouvée. Reste à savoir si elle est bonne, et je le crois. Comment voulez-vous que l'engrais s'écoule dans mes fossés? Je n'ai pas mis d'engrais! Mes fossés mangent un peu de terrain; il n'y a pas grand mal à cela, puisque, avant les fossés, le terrain était sans valeur. D'ailleurs ne vous ai-je pas dit que les pins se nourrissent dans l'air! Il faut que le vent circule librement autour d'eux; il faut donc sacrifier beaucoup de place. Je regrette si peu le terrain perdu, que j'ai l'intention de percer partout de grandes allées où se promèneront les brises de l'Océan. Vous craignez que le sable ne vienne envahir mes canaux ou que le courant ne détruise mes berges! Mais le sable est retenu par un réseau de racines entortillées, et le courant est à peine sensible quand la pente est d'un millimètre. Les fossés que voici datent de dix ans; ils ont écoulé bien des tonneaux de pluie, et vous voyez qu'ils ne sont ni ensablés, ni ravinés. »

A cela je n'avais rien à répondre. Cependant, comme il pleuvait toujours, je tirai du fond de mon sac une objection qui me parut bonne, et faite pour embarrasser maître Pierre. L'homme est ainsi bâti : son esprit subit toutes les influences de l'air extérieur. Plus il fait chaud, plus nous sommes disposés à croire les gens sur parole. On dirait que l'esprit élargit tous ses pores, tant les idées d'autrui s'introduisent facilement chez nous. Nous ne mettons rien en doute, nous acceptons même l'invraisemblable, par bienveillance et par nonchalance. Mais, lorsqu'il pleut, qu'il vente ou qu'il gèle, nous fermons toutes nos portes, et la vérité la plus évidente n'entre pas sans frapper. Nous résistons à tout, et nous disputerions volontiers contre nous-mêmes pour nous dégourdir et nous réchauffer un peu. Le scepticisme est né dans le Nord, après trois jours de grande pluie; la foi est un fruit du Midi.

« Mon pauvre ami, demandai-je à maître Pierre, que diriez-vous si vos arbres allaient cesser de croître un beau matin? Vous m'avez assuré vous-même que le pin enfonçait dans le sable une longue racine pivotante. Est-ce vrai?

— Sans doute.

— Vous n'avez ici que deux pieds de sable au-dessus de l'alios?

— Un peu moins : 64 centimètres environ.

— Voilà où je vous attendais. Quand vos racines auront 64 centimètres, elles donneront du nez contre l'alios, et l'arbre ne poussera plus. »

Il feignit d'être embarrassé et répondit en se grattant la tête : « J'ai bien pensé à ce que vous dites.

— Eh bien?

— Avez-vous entendu parler de M. Duhamel du Monceau? C'est un brave homme de savant, qui, après avoir passé cinquante années de sa vie à regarder en l'air, s'est mis à étudier quelque chose de plus positif. Il a fait de belles expériences sur les arbres, et notamment sur les arbres à pivot, comme le pin et le chêne.

— Et il a reconnu...?

— Qu'on pouvait arrêter le pivot et même le couper, sans faire aucun tort à l'arbre. Les racines poussent en large, et il n'en est que ça. Maintenant allons chez le maire de Bulos; vous sécherez vos habits au coin du feu. Je suis bien aise de vous avoir montré qu'un hectare de cent francs, assaini, défriché et semé pour 60 francs, paye en dix ans le capital et les intérêts de la culture. Revenez ici dans une quinzaine d'années, et vous verrez si les 3000 francs que j'ai dépensés ici, ne rendent pas trois ou quatre mille francs de revenu. »

Nous prîmes le chemin de Bulos, et je me promettais déjà de méditer au coin du feu sur ce que j'avais vu; mais mon impitoyable guide m'arrêta sur la lisière de ses bois pour me faire remarquer un plant de jeunes chênes.

C'était un millier de chênes blancs entremêlés de quelques suriers ou chênes-liéges. Les chênes blancs avaient quatre mètres de hauteur; leur diamètre au collet de la racine était de dix centimètres.

« Quel âge leur donnez-vous ? me demanda maître Pierre.

— Quinze ou vingt ans.

— Je les ai semés au printemps de 1852, devant le maire, le juge de paix et un inspecteur des eaux et forêts. Du reste comptez vous-même; il y a cinq pousses, dont chacune marque une année. Ces arbres-là portent leur extrait de naissance avec eux. En voici un que j'ai scié dernièrement pour distribuer des échantillons dans toutes les landes, car je suis le commis voyageur du progrès. Vous n'avez qu'à jeter les yeux sur la souche pour voir que le diamètre s'est accru tous les ans de deux centimètres. Cela va quelquefois jusqu'à deux et demi. Or, dans tous les pays du monde, la croissance annuelle du chêne n'est que de cinq millimètres. Donc le chêne des Landes, quoique son pivot soit passablement gêné par l'alios, se développe quatre ou cinq fois plus vite que dans un bon terrain. Est-ce dit?

— Accordé. Mais allons voir le maire de Bulos.

— Alors vous ne regardez pas mes suriers?

— Ces petits arbres-là? Je les vois bien assez pour aujourd'hui.

— Ces petits arbres-là qui ne croissent jamais bien vite, finiront par devenir grands. Lorsqu'ils auront quinze ans, j'ôterai leur écorce et je la jetterai au feu. Dix ans plus tard, je les écorcherai derechef, mais pour faire des bouchons. Un beau surier donne deux mille bouchons, c'est-à-dire vingt francs. On nourrit plus de cent suriers sur un hectare: on les exploite tous les dix ans, c'est donc un revenu de deux cents francs par année. Suivez-vous mon calcul?

— Parfaitement; mais allons voir le maire de Bulos.

— Les chênes, poursuivit maître Pierre, sont plus délicats que les pins. Il est bon de les arroser en été, j'entends quand ils sont jeunes. Pour abreuver les miens, j'ai fait percer quelques trous dans l'alios. L'eau jaune qui croupit sous la couche de grès ne déplaît point aux arbres comme aux bêtes. C'est une espèce de purin, une eau de fumier dont nous régalons nos jeunes plants à peu de frais. Chacun des puits que vous voyez m'a coûté un franc cinquante centimes. Ceci vous prouve, monsieur, qu'avec un peu de travail on tire parti des choses les plus nuisibles. Les dunes qui menaçaient le midi de la France sont devenues une des ressources du Trésor. Les pluies sempiternelles du printemps, qui noyaient la végétation, l'accélèrent; la brise salée de l'Océan nourrit mes jeunes pins; les marais qui nous donnent la fièvre nous donneront bientôt du fourrage; l'infusion d'alios qui faisait crever les brebis fait pousser des glands pour les pourceaux, des bois pour les navires et des bouchons pour les bouteilles. Ceci posé, je ne vous retiens plus : allons voir mon ancien tuteur, M. le maire de Bulos.

« Vous êtes bien heureux d'avoir une bonne route,

large de huit mètres, bombée en dos d'âne et bordée de fossés. C'est moi qui l'ai faite. Il y a dix ans, vous ne seriez pas arrivé au village, où vos échasses auraient été longues. Les gens de Bulos étaient isolés du monde entier durant toute la saison des pluies. Du reste, ceux de la Canau ne nous en redevaient guère. Nous avions des routes sur la carte, mais point dans le pays. On appelait chemin de grande vicinalité un large ruban d'eau sale, entrecoupé de fondrières à noyer les bœufs. Les voyageurs prudents passaient à côté de la voie; c'est une habitude qui s'est perdue à Bulos, mais qui persiste, et pour cause, dans presque toute la contrée. »

Le chemin que nous suivions pour arriver à Bulos n'était pas empierré comme une route impériale, mais on y marchait à sec, et je n'aurais pas eu les pieds humides si l'eau n'était entrée dans mes souliers par le collet de mon habit. C'était une large bande de terre, élevée au-dessus du sol environnant par le déblai des fossés. Un chariot pesant y aurait fait quelque dégât, mais les piétons, les chevaux et les voitures légères y laissaient peu de traces. Le terrain, battu et consolidé par le passage des bêtes et des gens, était merveilleusement préparé, soit qu'on voulût le charger de pierres, soit qu'on préférât y poser des rails de bois. « Qu'en pensez-vous? demanda maître Pierre avec une pointe d'orgueil.

— C'est fort joli, pour du provisoire. Et cela coûte ?

— La route et les fossés, tous frais faits, reviennent à seize sous le mètre courant, ou 800 francs le kilomètre. Il y a cinq lieues de route dans la commune, et c'est moi qui les ai tracées.

— A vos frais ?

— Non.

— Aux frais des habitants de Bulos ?

— On voit bien que vous ne les connaissez pas.

— C'est donc aux frais de l'État ?

— L'État a d'autres chiens à fouetter. J'ai fait mes routes aux frais du désert. C'est le diable qui paye. »

Je ne le comprenais pas plus que s'il eût parlé l'égyptien des Pharaons. Il s'interrompit pour me montrer un beau puits placé à l'entrée du village.

« Voilà, dit-il, un puits d'eau claire, d'eau douce, d'eau parfaite. Nous en avons deux, c'est moi qui les ai creusés.

— Toujours aux frais du diable ?

— Toujours.

— Et cette mairie neuve ?

— Cette mairie, qui sert aussi de maison d'école, est bâtie aux dépens du même capitaliste.

— Je ne le savais pas si généreux. Me direz-vous qu'il a poussé l'abnégation jusqu'à faire les frais de cette jolie petite église ?

— De l'église et du presbytère attenant. La population de la commune se composait de quatre cents pauvres malheureux qui n'avaient pas le sou, et j'ai fait des travaux pour vingt mille écus. Je vous expliquerai cela chez mon tuteur; voici la porte. Passez le premier, s'il vous plaît. »

Je ne fis pas de façons, et j'entrai comme un torrent dans une petite maison assez propre. Le maire et sa famille étaient réunis dans la cuisine, autour d'un feu d'allumettes. Tout le monde se leva en notre honneur, et le fonctionnaire municipal vint embrasser mes guides et me donner la bienvenue.

C'était un grand vieillard, sec et noueux comme un orme de cent ans, et quelque peu voûté par l'âge. Il parlait avec lenteur et d'un ton d'importance. Je ne pus m'empêcher de sourire au milieu de l'eau, comme un arc-en-ciel, lorsqu'il me dit solennellement : « Monsieur, maître Pierre est mon élève, ou plutôt mon pupille, pour parler comme la loi. »

Il jeta sur le feu quelques fagots de brandes, en m'invitant à me dépouiller de mes habits. Je m'installai du mieux que je pus, et bientôt la vapeur s'éleva autour de moi, comme un gros nuage autour d'une montagne des Alpes. Maître Pierre s'apprêtait à suivre mon exemple lorsque son tuteur lui dit :

« Il y a du monde pour toi à l'auberge de Bulos.
— Ah! Et qui donc?

— Le fils Tomery, de Bordeaux, avec deux messieurs de ses amis. »

Maître Pierre sauta sur le manteau de la cheminée, attacha ses pieds à ses échasses et cria vivement à Marinette : « Arrive ici et chausse tes escarpins de sept lieues; nous n'avons que le temps. »

IX

LE MAIRE DE BULOS.

J'avais passé juste trente heures dans la société du roi des Landes. Il s'était présenté à moi la veille au petit jour, et midi sonnait à la mairie de Bulos quand nous fîmes notre entrée dans cette capitale. Mon illustre guide avait si bien employé son temps et ses paroles, qu'après une journée et demie de conversation, je savais son histoire et celle de Marinette; j'avais vu l'Océan, les dunes, les étangs, les marais, la lande inculte et malsaine, et le domaine assaini et cultivé par son industrie. Il ne me restait plus qu'à étudier les mesures générales par lesquelles il espérait propager la culture dans les deux départements, les ressources qu'il avait trouvées sans recourir à l'assistance de l'État, et enfin cette découverte merveilleuse qui devait créer des pâturages, des bestiaux et des engrais.

Les cinquante hectares que j'avais visités en débarquant à Bulos suffisaient bien à démontrer que la lande est susceptible de culture, mais un succès isolé, obtenu par un artisan de génie au prix d'efforts prodigieux, doit mettre les sages en défiance. Les inventions pratiques sont celles dont le premier venu peut tirer profit, et un outil nouveau ne fait ses preuves qu'entre les mains des mauvais ouvriers.

C'était à Bulos que maître Pierre avait fait école; tous les paysans du village avaient défriché leurs terres à son exemple. Lui-même avait dirigé les travaux d'ensemble, présidé à l'assainissement et à la mise en culture du territoire. Comme les revenus de la commune étaient, de toute antiquité, absolument nuls et que cependant les indigènes de Bulos avaient fait face à toutes les dépenses, on pouvait conclure que les villages les plus déshérités arriveraient au même but en prenant le même chemin. Ma curiosité était donc légitimement éveillée, et, plus j'approchais de la solution, plus je m'intéressais à ce problème de richesse et de misère, de vie et de mort.

Jugez de ma surprise et de mon désappointement lorsqu'en entrant chez le maire de Bulos je vis le défricheur intrépide, le draineur infatigable, le transformateur du pays, l'homme passionné pour le bien public, interrompre brusquement la démonstration qu'il avait si bien commencée, sauter sur ses échasses, appeler Marinette et me tourner le dos. Pour rompre le fil solide de ses idées, il avait suffi d'un mot jeté dans la conversation, et le nom de M. Tomery lui faisait oublier l'œuvre de toute sa vie et l'avenir de deux départements.

Ce nom magique, dont les vertus particulières m'étaient inconnues, ne parut effaroucher ni la belle Marinette, ni la famille de M. le maire. Le vieillard se frotta discrètement les mains, comme s'il jouissait du trouble de son pupille; les femmes de la maison s'entretinrent à voix basse sous le manteau de la cheminée, et Marinette arracha résolûment ses sabots en lançant à son compagnon un coup d'œil provocateur :

— Vous sortez donc ? lui dit-elle.

— Tu le vois bien. Marche devant, et ne te fais pas prier.

— Et où irons-nous, s'il vous plaît ?

— Au diable !

— C'est trop loin, et il pleut.

— Tu as donc peur de la pluie, à présent ?

— Vous avez bien peur du fils Tomery.

— Ne m'agace pas !

— Et ce monsieur de Paris que vous oubliez ! Mauvais professeur, qui s'en va au milieu de sa classe !

— Monsieur saura bien nous rejoindre. Mets tes sabots, ou tu ne me reverras jamais.

— Alors, adieu pour toujours, mon doux seigneur ! »

Le sang-froid de Marinette et le rire mutin dont elle assaisonnait ses réponses semblait exaspérer maître Pierre. Il se promenait à grandes enjambées dans la haute cuisine. Marinette en chaussons passait et repassait entre ses échasses et se dérobait subtilement chaque fois qu'il abaissait la main pour la prendre. Cette querelle d'un chêne et d'un roseau dérida toute l'assistance, et le maire oublia sa gravité municipale au point de rire aux éclats. Maître Pierre ne riait point. Lorsqu'il vit que tout le monde s'accordait contre lui, il ouvrit la porte de la rue et sortit sous un torrent de pluie qui le lavait de la tête aux pieds. La famille le suivit jusqu'au seuil de la maison, toujours riant. Les fenêtres du voisinage s'ouvrirent au bruit, et quelques curieux allongèrent la tête sous les gouttières pour se donner le spectacle de ses fureurs. Il invectivait contre tout le monde avec impartialité, appelant le maire vieil âne, sa femme intrigante, et ses filles conseillères de malheur. Il y eut un mot pour les voisins, pour le village, et pour tout le pays des Landes qui se laissait débaucher par les gens de Bordeaux. Il maudit le peuple qu'il avait enrichi et la terre qu'il avait rendue féconde; il menaça la commune de lui retirer ses bienfaits; il regretta de n'avoir pas la pellagre dans sa poche pour nous la jeter à la tête. « Et toi, dit-il à Marinette, fille ingrate, capricieuse, coquette, fais ce que tu voudras, deviens ce que tu pourras ; va demeurer à Bordeaux, mets des bottines de soie, des châles de soie, des gants de soie; promène-toi dans des voitures, danse avec des messieurs ; je m'en moque !... » Il acheva sa philippique en patois; d'où je conclus que la langue française lui paraissait trop pauvre.

Marinette, sans prendre garde au peuple de témoins qui écoutait la querelle, lui répondit en bon français : « C'est vous qui êtes un ingrat, un capricieux et une coquette. Je vaux mieux que vous, car je laisse voir mes sentiments, et vous passez la vie à dissimuler les vôtres. Allez-vous-en où bon vous semble, enrhumez-vous si le cœur vous en dit; nous savons bien que vous reviendrez à huit heures, car ces messieurs se sont invités à souper ici.

— Jamais! » répondit-il. Mais son dernier mot me parut moins nettement articulé que les autres. Il partit sans retourner la tête, et tous les assistants rentrèrent au logis en se secouant comme des canards.

Marinette n'avait jamais été aussi gaie. Elle riait à grands éclats, comme on fait dans les villages; elle embrassait les filles du maire; elle disait avec une résolution mêlée de dépit : « Tant mieux ! nous saurons à quoi nous en tenir. » Je suppose pourtant que celui qui serait allé pleurer pour elle dans un petit coin lui aurait rendu un véritable service.

Les femmes de la maison l'emmenèrent dans la

chambre voisine. Je demeurai seul au coin du feu avec le bonhomme, et, tandis que je séchais une à une toutes les pièces de mon vêtement, la porte mal jointe laissa pénétrer jusqu'à nous des rumeurs confuses, des chuchotements tumultueux et même certain concert de notes aiguës qui exprimait la gaieté ou la douleur la plus vive, au choix des écoutants.

Mon honorable compagnon entama la conversation par ces lieux communs atmosphériques qui permettent au paysan circonspect de parler une heure sans rien dire. J'interrompis son discours sur la pluie en lui demandant si maître Pierre reviendrait à l'heure du souper.

« Savoir! savoir! répondit-il en hochant la tête. S'il vient, il aura du fil à retordre. S'il ne vient pas, il se mangera les poings dans le doute. M'est avis qu'il viendra, puisque dans tous les cas ces messieurs souperont ici.

— M. Tomery et ses deux amis?

— Oui, monsieur, ils sont trois, suivant les us et coutumes; c'est à savoir le fils Tomery, le fils Darde, et M. Bijou aîné. Vous n'êtes pas sans les connaître?

— Moi! j'arrive de Paris. »

Le maire se crut obligé à un redoublement de politesse et de prudence. Il me parla à la troisième personne et sourit le plus niaisement qu'il put.

« Ah! ah! dit-il, monsieur vient de la grande ville! C'est bien particulier! Il y a pourtant assez loin d'ici à Paris!

— Pas trop, depuis le chemin de fer.

— Je comprends; monsieur fait partie de l'administration du chemin de fer?

— Pas le moins du monde.

— Excusez-moi; il n'y a pas d'offense. Pour lors, monsieur avait donc des affaires dans ce pays-ci?

— Aucune. J'ai eu la curiosité de voir vos landes, et voilà tout.

— Conséquemment. Ah! monsieur est venu comme ça, les mains dans ses poches, faire une visite aux landes de Bulos? Monsieur appartient sans doute au gouvernement? »

J'avouai en toute humilité que je n'avais pas cet honneur, et que je n'appartenais qu'à moi-même. Et, pour couper court à ses interrogations, je pris la peine de lui expliquer le but de mon voyage.

Lorsqu'il comprit qu'il avait sous son toit un des cinq cents individus qui s'entretiennent familièrement avec le public et dispensent la bonne et la mauvaise renommée, le vieux paysan changea de note. Il rapprocha son escabeau du mien, me frappa amicalement sur le genou et me traita en vieille connaissance. Il tira de sa poche une pipe en racine de brande, la bourra parcimonieusement de tabac mal haché, et y déposa un charbon ardent qu'il avait pris dans le feu avec la pincette de ses deux doigts. « Vous permettez? me dit-il. C'est une chose que je ne ferais pas dans le salon de M. le préfet, à Bordeaux; mais on ne se gêne pas avec les amis, et il me semble que je vous connais depuis vingt ans. Vous avez une figure ouverte qui me va. Quand je vous ai vu entrer derrière ce sournois de maître Pierre, je me suis dit tout de suite : Voilà un homme franc du collier, avec qui il ne faut pas prendre de mitaines. C'était l'amitié qui commençait. Expliquez ça comme vous pourrez : je n'ai ni peur ni besoin de personne, et pourtant je m'éloigne ou je m'approche des gens suivant la figure qu'ils ont.

« Si vous voulez rapporter aux Parisiens les grands perfectionnements que nous avons faits dans les landes, vous êtes bien tombé. Je peux vous instruire mieux que pas un, puisque c'est moi qui ai tout conduit. Qui est-ce qui racontera bien la bataille? le conscrit ou le général? C'est moi qui ai enrôlé maître Pierre. Je l'ai tiré de bien bas, le pauvre garçon! Mais je suis trop juste pour lui reprocher sa naissance irrégulière et subalterne. Ce n'est pas sa faute si ses parents se sont mal conduits; et d'ailleurs, administrativement parlant, nos inférieurs sont nos égaux devant la loi. Je lui ai même pardonné ses péchés de jeunesse, quoiqu'on ait pendu bien des garçons qui en étaient moins dignes que lui. Mais il avait de qui tenir, et bon chien chasse de race, comme dit l'almanach de 1851. Aussi bien s'est-il amendé petit à petit, et s'il plaît à Dieu que j'arrive à le marier légalement, sa conduite ne sera plus un objet de scandale pour le pays.

« Vous avez sans doute entendu parler de la grande campagne que j'ai conduite contre les loups et tous les animaux sauvages. Les événements qui ont inauguré mon administration doivent avoir eu un écho jusqu'à Paris, quoique mon célèbre discours n'ait pas été couché sur les gazettes. Tant pis pour les Parisiens! moi, je suis pour le solide. Du jour où nous avons été désinfectés de nos bêtes, j'ai mis mes gens à la culture, et j'ai commencé par maître Pierre, puisque je l'avais sous la main. Il vous dira lui-même si les encouragements lui on été refusés. Le résultat, j'ose le dire, a dépassé mes espérances.

« Après la campagne de 1847, quand j'ai vu les cinquante hectares de mon pupille accommodés à ma satisfaction, j'ai mandé le garçon par devers moi, et je lui ai dit, avec l'autorité que me donnait mon caractère : « N'es-tu pas honteux d'avoir la lande la plus belle et la mieux cultivée du village, toi qui es, sans reproche, un misérable enfant trouvé? Il convient de généraliser d'ores et déjà les bienfaits du drainage, et d'assainir tous les domaines de la commune, en commençant par le mien. » Le drôle ne se fit pas trop prier, c'est une justice à lui rendre. Mais il prétendit que la besogne était au-dessus de ses forces si la commune ne lui venait pas en aide. Il pouvait bien, disait-il, saigner proprement mon domaine et tous les autres, mais à condition d'ouvrir une voie générale d'écoulement où chaque propriétaire verserait les eaux de son drainage. Il se faisait fort d'aller défricher les terres jusqu'à deux lieues d'ici; mais monsieur demandait que la commune traçât une route à l'usage des défricheurs. Voies d'écoulement, voies de communication, tout cela coûtait les yeux de la tête, et la commune n'avait pas le premier sou. Je lui répondais, conformément aux principes de toutes les bonnes administrations : « Fais pour le mieux, mais surtout qu'il ne nous en coûte rien ! »

« Au lieu de chercher des ressources, cet illettré (car il ne sait ni lire ni écrire) courait de çà, de là, à travers le pays, fréquentant les géomètres, prenant des niveaux et mesurant des hauteurs. Il venait de temps en temps me dire en se frottant les mains : « J'assainirai le Porge, le Bosc, le Temple, Saumos, la Canau! Le Porge est à 23 mètres au-dessus du niveau de la mer, le Bosc à 31, le Temple à 39, Saumos à 37, la Canau à 19 ! J'écoulerai les eaux, je cultiverai les terres : il ne me manque que des routes et des canaux! — Et de l'argent, malheureux! » répondais-je en lui tirant les oreilles.

« Je les lui tirai si bien que je finis par arracher une bonne idée de cette mauvaise tête.

« Vous savez certainement (car les journalistes savent tout) que dans notre pays le village le plus pauvre est encore un assez grand propriétaire. En 1847, les soixante-dix communes landaises de la Gironde possédaient un patrimoine de cent cinquante mille hectares, et Bulos pour son compte en avait deux mille. Ce domaine communal appartenait à tout le monde et n'appartenait à personne : chacun pouvait en jouir, aucun n'avait le droit d'en disposer. On y faisait paître les moutons sans payer nul droit de fermage, et c'était une grande douceur pour les riches qui avaient des moutons.

« Maître Pierre me dit un beau matin : « La commune a besoin d'argent; vendez le communal. Les terrains sont en hausse, et nos deux mille hectares valent tout près de 200 000 francs. Mettez dans le papier que l'acquéreur sera tenu d'assainir et de défricher immédiatement. Le prix de vente payera nos routes, nos canaux, notre mairie, notre école et notre église : nous aurons tout ce qui nous manque, et beaucoup d'argent de reste. Les travaux occuperont les bras du village et mettront des pièces de quarante sous dans toutes les maisons de Bulos. » Voilà ce qu'il vint me proposer. Moi qui ai l'usage des bureaux, je ne répondis ni oui ni non, mais je me promis de penser de temps en temps à ce qu'il m'avait dit. C'est ce qui s'appelle mettre une question à l'étude.

« Comme presque tous mes moutons étaient morts de la pourriture et que j'avais vendu le restant du troupeau, je ne voyais aucun inconvénient sérieux à aliéner le communal. Je m'en fus donc à Bordeaux soumettre à M. le préfet l'idée qui m'était venue et demander son approbation. M. le préfet, qui m'a toujours conservé la même bienveillance, quoiqu'on l'ait changé plusieurs fois depuis 1847, approuva complétement ma proposition. Il me dit que l'administration vicieuse des biens communaux et la vaine pâture tolérée dans iceux étaient des vestiges de l'ancienne barbarie; que le seul moyen de sauver la population des landes serait d'enlever les communaux à la pâture pour les livrer à la culture; bref, il promit d'autoriser la vente dès que le conseil municipal l'aurait votée.

« Mais le vote du conseil municipal était ce que les savants appellent le *hic*. Mon adjoint et mes trois conseillers possédaient, entre eux quatre, presque tous les moutons du village : par ainsi, ils tiraient grand profit du communal. Nos deux mille hectares fournissaient de l'herbe à quatre individus et la pellagre à tous les autres : il en est encore de même dans les communes des environs. Si l'on vendait la lande pour être mise en culture, tout le pays gagnerait la santé, mais plusieurs conseillers municipaux perdraient de l'argent : c'est pourquoi la vente est si difficile. Les personnes raisonnables étaient pour moi, mais le conseil municipal vota contre. C'était le 26 février 1848.

« Pour lors, ces messieurs de Paris me firent assavoir qu'ils avaient changé la forme du gouvernement, et je m'empressai, comme tous les bons fonctionnaires, de prouver ma fidélité au nouvel état de choses. J'avais déjà envoyé un drapeau à l'Hôtel de Ville de Paris, quand ce brouillon de maître Pierre arriva chez nous pour tout bouleverser. Il ouvrit un club dans la grange du père Maniquet; il me fit nommer président, bien malgré moi, et il se décerna la vice-présidence. Là, au lieu de délibérer sur le droit au travail et d'examiner dans quel cas les députés devraient marcher sur l'Assemblée, on ne s'occupa que des défrichements, du drainage et de la vente des communaux. Tous les clubs des environs s'organisèrent sur le même modèle; on parla pour et contre le pâturage, et de politique pas un mot. Les possesseurs de moutons envoyèrent une députation de bergers pour nous jeter par les fenêtres; mais je ne fis pas la sottise de les attendre, et je sautai bravement tout seul. Mon bavard de maître Pierre, qui a la langue bien pendue, se prit de bec avec eux. Il leur prouva qu'ils auraient plus de profit à défricher la lande moyennant deux francs par jour qu'à s'y promener sur leurs échasses au prix de quarante écus par an. Tout le village se mit d'accord, comme si j'avais été là : et je les entendis se promener bras dessus, bras dessous, dans les rues en chantant : « Défrichons ! défrichons ! » sur l'air des *Lampions* de Paris. Notre popularité était si grande qu'on parla de nous envoyer tous les deux à l'Assemblée constituante, lui comme ouvrier agricole, moi comme ouvrier municipal. Je refusai pour lui, et je le soupçonne d'avoir refusé pour moi.

« Mais je le fis nommer au conseil municipal, avec trois autres gaillards qui n'avaient pas un mouton à l'étable, et la vente des communaux passa comme une lettre à la poste.

« Je voulais bâcler la chose d'un seul coup et aliéner les deux mille hectares en bloc ; mais maître Pierre me dit, ou plutôt c'est moi qui lui dis : « Le grain baisse sur le marché quand les vendeurs en apportent trop à la fois : il en est de même de la terre. Commençons par vendre cent hectares, nous verrons après. » Un négociant de Bordeaux fit l'affaire pour 10000 francs payés comptant. Je traçai immédiatement douze kilomètres de route et vingt-quatre de grands fossés. La route, qui porte mon nom, est large de huit mètres ; vous l'avez vue en débarquant ici. Les fossés qui la bordent ont soixante-six centimètres de profondeur, cinquante de largeur au plafond et deux mètres cinquante de largeur en gueule, sauf le respect que je vous dois.

« Cette première percée, qui traversait les landes communales aussi bien que les propriétés particulières, accrut rapidement la valeur des terrains. Les cent hectares que je vendis six mois après rapportèrent 15,000 francs à la commune. Je fis encore huit kilomètres de route entre fossés, et le reste de l'argent servit à la construction de notre mairie. Dans le courant de l'année, deux cents hectares communaux, situés à portée de la route trouvèrent marchand à 40 000 francs. Je commençai par prendre l'argent, mais le ciel m'est témoin que je ne savais qu'en faire. Ma femme me conseilla de bâtir une église, d'autant plus que la paroisse du Porge était loin. Je lui offris pour ses étrennes une église de 20 000 francs, avec mon nom écrit en latin sur une plaque de marbre. Pour l'argent qui restait, maître Pierre me conseilla de l'employer sur le communal. Nous en avions encore seize cents hectares que je ne vendis pas et que je garde à nos enfants comme une poire pour la soif. Pour que cette réserve de l'avenir ne nous donnât point la pellagre, je fis drainer sommairement mes seize cents hectares, et quatre-vingts lieues de petits fossés me coûtèrent 16 000 francs. Je fis semer d'espace en espace une bande d'arbres verts pour égayer la vue : coût, 3000 francs. Il reste donc à la vaine pâture quinze cents hectares assainis, encadrés d'arbres, bien fournis en herbe, et assez riches pour nourrir quatre mille moutons. Nos deux mille hectares inondés n'en nourrissaient pas plus de deux mille. Vous voyez que j'ai bien mérité de tout le monde, même des moutons.

« Je me suis fait l'honneur de vous dire que les acquéreurs de biens communaux s'engageaient par devers moi à défricher leurs terrains dans un délai susénoncé. La mise en culture de quatre cents hectares a introduit plus de 40 000 francs d'argent blanc dans les petites bourses de la commune, car les nouveaux propriétaires n'avaient que nous pour ouvriers. Il n'y a ni homme, ni femme, ni enfant qui n'ait fait son magot ; les petites filles gagnaient vingt sous par jour à semer des graines. »

Sur les derniers mots de cette phrase, la porte de la rue s'ouvrit, et deux domestiques en livrée apportèrent une énorme corbeille, couverte d'une toile imperméable. Le maire salua ces hôtes galonnés en ôtant son béret à plusieurs reprises. « Messieurs, leur dit-il, je vous présente mes devoirs, mes humbles devoirs, mes devoirs très-humbles. »

X

AMBITION.

Les gens de M. Tomery se retirèrent discrètement dès qu'ils furent débarrassés de leur fardeau. Ils refusèrent, en valets bien dressés, les rafraîchissements que M. le maire s'obstinait à boire avec eux.

Marinette, la femme du maire et ses trois filles grandement majeures, procédèrent à l'autopsie de la corbeille et éparpillèrent sur tous les meubles les provisions de bouche qu'elle contenait. J'assistai à un défilé de poissons, de volailles et de terrines qui me rappela les noces de Gamache. Notre hôte, les mains croisées derrière le dos, passait la revue des victuailles et faisait claquer sa langue en signe d'approbation. Quand il vit le panier vide, il dit à sa femme d'un ton cérémonieux : « Dame mairesse, c'est à vous de prévenir votre gendre le charpentier pour qu'il bâtisse la table. Nous serons dix-huit, en comptant les conseillers municipaux et le garde champêtre, qui est digne à tous égards de cette distinction. Ne vous inquiétez pas du vin ; les amis de M. Tomery l'apporteront eux-mêmes, suivant l'usage. Quant au dessert, je le fournirai volontiers ; j'en ai le moyen. Mais Marinette est prévenue qu'il n'y a pas de noix chez nous. Mettez-vous d'ores et déjà à la cuisine, tandis que je passe dans mon cabinet pour conférer avec monsieur. »

Il me conduisit dans une chambre tapissée de chasses et de batailles, comme un estaminet de village. Un grand lit à colonnes s'y dressait dans un coin, en face d'un vieux bahut divinement sculpté qui aurait fait l'admiration et le désespoir d'un antiquaire. Les cariatides des angles avaient été rabotées dans toute leur longueur par esprit de décence, et parce qu'un maire doit le bon exemple à ses administrés. Le reste du mobilier se composait d'une table encombrée d'almanachs et de vieux journaux, d'un fauteuil de paille avec six chaises de même étoffe, et de la carte illustrée du département.

« Vous voyez, me dit le bonhomme, si je vous traite en ami : je vous introduis dans mon sanctuaire. C'est devant cette table que j'ai médité toutes les grandes choses qui se sont faites sous mes auspices. Défiez-vous des gens qui courent après les idées sur les grandes routes. Moi, j'estime avant tout l'homme de cabinet qui s'enferme, comme vous ou moi, devant un bureau, la tête plongée dans les mains.

« Je vous ai dit ce que j'ai fait dans mon village. Quand la pluie aura fini de tomber, je vous donnerai un léger aperçu des résultats que j'ai obtenus. Mais il faudra peut-être que vous attendiez deux ou trois jours, car mes pluies sont abondantes au mois d'avril.

« J'ai doublé en peu de temps le bétail de la commune. Mon dernier recensement compte plus de 4,000 moutons et 500 bêtes à cornes. Vous verrez que j'ai rendu la laine des moutons plus fine, et que la taille des vaches s'est élevée sous mon administration. Lorsqu'il s'est agi de loger tout ce monde à quatre pattes, j'ai promis à tous les propriétaires de la commune que je leur construirais moi-même des étables économiques. Les ignorants ne voulaient pas me croire sur parole, attendu que la pierre est plus que rare dans nos environs. Mais je ne suis pas de ceux que les difficultés embarrassent, et si vous me faites l'honneur d'ouvrir ce petit dictionnaire, vous verrez que j'y ai effacé de ma propre main le mot *impossible*.

« J'ai donc mandé maître Pierre, et je lui ai enjoint de trouver immédiatement un mode de construction approprié aux besoins et aux ressources de mes administrés. Il m'a proposé d'employer les matériaux qui abondent le plus autour de nous, à savoir le bois de nos pins. Pour me bien rendre compte de son idée, je le mis en demeure de me bâtir une étable à vaches, et il s'exécuta sans balancer, ce qui vous prouve bien que ce garçon-là me doit tout. Quand je vis qu'une étable en bon bois, calfatée comme un bateau pêcheur, n'était ni plus chaude en été, ni plus froide en hiver, ni plus incommode en aucune saison qu'un bâtiment de pierre, je calculai le prix de revient, et je renvoyai mon homme à ses affaires.

« Tous les habitants de Bulos faisaient antichambre dans ma cuisine pour me demander, qui une étable, qui une grange, qui une maison de bois, comme le bâtiment que je m'étais fait construire. Je leur répondis de m'apporter leurs économies, et je me fis entrepreneur. Je pris à mes gages un charpentier, un serrurier et un couvreur ; et moi quatrième, je bâtis une moitié de village dont vous me direz des nouvelles. J'ai gagné gros à cette entreprise, et je suis riche dorénavant, comme tous les hommes supérieurs. Mes ouvriers étant devenus nécessaires et par suite exigeants, je pris le parti de me les acquérir et je les mariai avec mes demoiselles. Vous souperez ce soir dans leur compagnie, et vous pourrez dire aux gens de Paris que vous avez vu une belle famille.

« Ce n'est pas sans peine que je les ai fixés ici, car ils n'étaient pas nés sur mon territoire. Ils ne pouvaient point s'accoutumer à notre boisson, surtout mon gendre François, le charpentier, qui est un Suisse de montagne. Ces hommes-là sont proportionnellement aussi difficiles que des ânes sur la qualité de l'eau, vu l'habitude qu'ils ont de boire aux sources claires. La délicatesse de bouche est assez commune, car j'ai vu plus de cent ouvriers de tout pays et de toute coterie essayer de s'établir dans les landes et s'enfuir au bout de huit jours, par grande répugnance de l'eau jaune que nous buvions.

— Vous n'en buvez donc plus?

— Non, monsieur. J'ai mis fin à un état de choses qui entravait la marche de ma colonisation. Je ne me suis pas adressé aux chimistes, sachant d'avance tout ce qu'ils pourraient me répondre. Ils m'auraient dit que l'eau d'alios est privée de sels minéraux et encombrée de matières organiques; ils m'auraient conseillé de la bouillir, de la filtrer au charbon et d'y faire infuser des copeaux de chêne. Cela m'aurait entraîné trop loin; et je suis l'homme des mesures expéditives. J'ai tout uniment appelé maître Pierre, et je lui ai dit avec cette autorité qui impose l'obéissance : « Il me faut de l'eau potable à bon marché pour mille personnes! » Vous croyez peut-être que j'ai attendu longtemps! Non, monsieur : six mois après, mes ordres étaient exécutés.

— Peste! monsieur le maire, vous êtes de ceux à qui tout réussit.

— Vous verrez les deux puits que j'ai fait faire, et vous goûterez de notre eau. Nous la tirons toute filtrée, et comme j'ai de quoi donner à boire à mille personnes, la population de Bulos grandit à vue d'œil. Nous étions quatre cents; nous voilà huit cent cinquante! J'ai bâti des chalets pour tout le monde.

— Et par quel procédé avez-vous changé la nature de l'eau?

— Je ne suis jamais entré dans tous ces détails; c'est l'affaire de mon subalterne. Les ingénieurs ont admiré mon ouvrage; ils disent que j'ai creusé des puits à fond filtrant et à parois imperméables. Le mot me paraît ambitieux, pour une chose que j'ai faite tout naturellement. Les deux puits nous ont coûté cinq cents francs pièce, et toutes les communes landaises peuvent s'en procurer de pareils au même prix. La chose n'a pas grande importance pour nos voisins : l'eau d'alios est assez bonne pour un tas de pauvres diables qui n'ont pas même du pain à manger. Mais une population aussi aisée que la mienne, un village qui ne manque ni de pain, ni de légumes, ni de viande, méritait bien de boire de l'eau propre, et je lui en ai octroyé. Direz-vous à vos Parisiens que je suis un génie de second ordre? »

Je cherchais une réponse normande, et le vieux singe s'en aperçut. Il rapprocha son fauteuil de ma chaise, me tapa doucement sur l'épaule, et dit de sa voix la plus caressante :

« Je les vois d'ici, vos Parisiens ! Ils attendent ; ils ont l'œil sur vous ; ils meurent d'envie de savoir ce que vous penserez de notre pays. Car enfin on ne leur a jamais dit la vérité sur les landes. Ce n'est pas parce que mon célèbre discours est resté inédit... non. Mais je me félicite qu'un homme comme vous soit tombé du ciel pour rendre justice à la municipalité de Bulos.

« Comment travaillez-vous d'ordinaire ? Car je sais que chaque homme de talent a ses petites manies. Moi, dès qu'il me passe une idée par l'esprit ou que j'apprends une nouvelle intéressante, je cours à mon papier et je couche la chose par écrit. Êtes-vous comme moi ? Il ne faudrait pas vous gêner. Voici des plumes et de l'encre ; vous pouvez profiter de l'occasion, tandis que vos idées sont toutes fraîches. Je ne regarderai pas ce que vous écrirez ; je m'en irai si je vous gêne ; si vous avez besoin de quelque renseignement, faites un signe : je serai là »

J'eus beau me confondre en remercîments, le bonhomme avait résolu qu'il me dicterait son histoire. « Voyons un peu, me dit-il. Vous êtes revenu dans la capitale. Les Parisiens, qui savent de quel pays vous arrivez, accourent en foule autour de vous

On vous pose mille questions : « Dites-nous la vérité sur les landes ! Qu'est-ce que les landes ? Parlez !

— C'est un pays stérile et malsain.

— Bien répondu, comme au catéchisme. Pourquoi stérile et malsain ?

— Parce que l'eau y séjourne six mois par an sans pouvoir s'écouler.

— Parfait ! Mais n'y a-t-il pas de ces côtés-là un village moins inculte et moins malsain que tous les autres ?

— Oui, le village de Bulos.

— Vous répondez comme un livre. Et comment s'y prennent-ils, ces braves paysans de Bulos, pour assainir et cultiver la lande ?

— Ils creusent un fossé autour de chaque hectare, et ils sèment des arbres au milieu.

— C'est admirable. Mais auraient-ils pu faire cette besogne sans le secours de la municipalité ?

— Non.

— Qu'est-ce qu'elle a donc fait, la municipalité de Bulos ?

— Des routes et des canaux.

— Vous l'avez dit. Avec quelles ressources, s'il vous plaît ?

— En vendant un cinquième du communal.

— De mieux en mieux. Où trouve-t-on des hommes bien portants ?

— A Bulos.

— Du bétail magnifique?

— A Bulos.

— Des terres bien cultivées?

— A Bulos.

— De l'eau potable?

— A Bulos.

— Comment appelez-vous le bienfaiteur de Bulos? »

Il vit que j'hésitais un peu à lui répondre; et le fait est que ma mémoire s'est toujours refusée à retenir son nom. Si je le tais aujourd'hui, ce n'est point par malice, croyez-le bien, mais par incapacité pure. Dès qu'il sentit que je lui échappais, il fit un crochet pour me rejoindre, et il me ramena à son but par un chemin détourné.

« Mon bon ami, me dit-il, quel genre de littérature allez-vous écrire sur notre pays? Est-ce des articles de journaux, comme M. de Saulniers et M. Lavertujon en impriment à Bordeaux? Est-ce autre chose?

— Je ne sais trop, répondis-je; mais si je trouve le temps, je tâcherai de faire quelque chose comme un livre.

— Vous avez bien raison; il y a de quoi dire. Moi, je suis trop vieux pour entreprendre cette besogne-là, et d'ailleurs les hommes d'action n'écrivent guère. Mais si je trouvais une histoire bien contée, avec tout ce qui m'intéresse, je serais capable de tout. Et, tenez, Dieu me pardonne! j'achèterais le livre! Est-ce qu'on ne pourrait pas supposer, en manière de fiction, qu'un voyageur s'égare par une soirée d'hiver aux environs de Dulos? Il craint d'être mangé par les loups, de tomber dans les fondrières, de mourir de faim, en un mot tout ce que les voyageurs craignent dans les livres. Heureusement, il est recueilli dans une voiture (j'en ai une), par un homme riche (je le suis) qui a servi (j'ai fait mes sept ans). Il s'étonne de rencontrer dans ce pays perdu un homme bien élevé, savant même, qui s'exprime élégamment comme à la ville. Il apprend, avec une surprise bien agréable, que les loups sont détruits, que le pays est sillonné de routes, et qu'au lieu d'y mourir de faim, les étrangers y trouvent de tout en abondance. On lui fait voir les merveilles de la commune, et lorsqu'il demande avec admiration quel est l'auteur de tant de belles choses, son ami lui répond en rougissant : C'est moi! Il me semble que le livre pourrait finir par ce mot-là.

— Vous êtes bien bon, » lui dis-je en lui serrant la main.

Il reprit vivement : « Le danger serait de s'entortiller dans les racontages de maître Pierre. D'abord, tout ce qu'il dit n'est pas parole d'Évangile. Ensuite, je suppose qu'un auteur comme vous ne serait guère flatté d'apprendre à tout le monde qu'il a couru les champs dans la compagnie de ce vagabond-là. D'ailleurs, les personnes comme il faut n'aiment pas à lire des histoires de bohémiens; tandis qu'on s'intéresse d'avance à un récit noble où il n'y a que des propriétaires à leur aise, des marchands en gros, des greffiers, des juges de paix, des agents-voyers, des maires et des adjoints. C'est pourquoi les hommes de plume n'ont jamais parlé de ce Pierre. Enfin, puisque je n'ai rien de caché pour vous et que je vous parle sans réticence, je peux bien vous le signaler, entre nous, comme un utopiste de la pire espèce.

— Bah !

— Comme j'ai l'honneur de vous le déclarer. Du reste, jugez vous-même. Il y a six mois, mon homme est venu me trouver ici, dans mon cabinet. Il me dit, dit-il : « J'ai besoin d'une loi. — Je pourrais te la faire, répondis-je avec calme, mais on m'accuserait peut-être d'outre-passer mes pouvoirs. Quelle loi veux-tu ? — Une loi, dit-il, qui m'autorise à vendre partout un cinquième des communaux sans consulter les communes. — Robespierre ! Et pourquoi ça ? — Parce que je suis pressé d'en finir et que la besogne traîne en longueur. Il y a huit ans que je bataille avec les conseils municipaux, et je n'ai pas fait vendre plus de onze mille hectares. L'argent me manque, et l'on ne fait ni routes ni canaux sans argent. Les soixante-dix communes landaises du département possèdent encore cent trente-neuf mille hectares de communaux. Le cinquième serait de vingt-sept mille huit cents hectares, qui, au bas prix, valent cent francs pièce, ou deux millions sept cent quatre-vingt mille francs pour le tout. Il nous manque douze cent trente-huit kilomètres cinq cent quarante-cinq mètres de routes agricoles, bordées de fossés. A seize sous le mètre courant, c'est une dépense de neuf cent quatre-vingt-dix-huit mille huit cent trente-six francs. » Il supputait tout cela sur ses doigts, car le malheureux ne sait pas mettre une addition sur le papier. « Le surplus, me dit-il, servira à faire des puits, des écoles, des mairies et des églises : chaque commune avisera. Ce qui m'importe, à moi, c'est de déverser dans les étangs du littoral toutes les eaux qui séjournent dans les Landes. » Voilà, monsieur, ce qu'il a eu le front de me proposer. Ai-je bien fait de le mettre à la porte en le traitant d'utopiste ?

— Je ne vois pas distinctement l'utopie. Car enfin pourquoi ne ferait-on pas dans chaque commune ce que vous avez fait si heureusement à Bulos ?

— Pourquoi ? pourquoi ? D'abord les autres communes ne le regardent pas. Nous sommes débarrassés du fléau, que les autres s'arrangent ! Chacun pour soi, et Dieu pour tous, c'est la devise du paysan. Si je trouvais le secret de faire pousser des pièces de cent sous dans ma lande, je m'entourerais d'un grand mur, et malheur à qui viendrait regarder à travers la porte! Car, si cette culture-là arrivait à se propager, mes pièces de cent sous ne vaudraient bientôt plus dix centimes. Est-ce juste cela?

— C'est profond, mais....

— Attendez! Du jour où toutes les eaux du pays viendraient se déverser dans les étangs du littoral, nous serions non-seulement ruinés, mais noyés. Un pareil volume d'eau descendant tous les printemps, en droite ligne, dans les étangs d'Hourtins et de la Canau, les ferait déborder régulièrement, et sur qui? sur les riverains, c'est-à-dire sur nous. »

A ce dernier argument, je ne sus que répondre. Il était évident que le maire de Bulos ne pensait qu'à lui seul, mais cette fois l'intérêt personnel ne le conseillait pas mal. J'entendais la pluie tomber sur le toit en masses serrées, égales et régulières. Je mesurais en esprit l'épouvantable nappe d'eau qu'un seul jour de printemps peut étendre sur le vaste plateau des Landes, et je me disais que plus le drainage serait parfait et l'écoulement rapide, plus les étangs du littoral s'empresseraient de déborder. Je me transportais à l'époque où toutes les Landes seront assainies par le procédé ingénieux de maître Pierre, et je voyais les riverains des étangs payer les frais de la prospérité générale.

Bulos était la première victime dévouée aux inondations futures, et le premier domaine envahi par les eaux serait précisément celui de maître Pierre. Le pauvre petit homme était loin d'espérer un tel fruit de ses peines, lui qui parlait de trouver des pâturages sous les étangs d'Hourtins et de la Canau!

Le maire vit qu'il avait touché au bon endroit, et il redoubla ses coups pour m'achever.

« Devinez un peu, me dit-il, ce que votre Pierre a répondu à une objection si..... cathédrale? « Je chercherai un remède, m'a-t-il dit; mais quand même il n'y en aurait pas, on peut bien sacrifier les riverains des étangs au salut de toutes les Landes. » Vous entendez, monsieur! sacrifier les riverains! sacrifier Bulos qui lui a donné naissance! sacrifier les intérêts de son tuteur, de son ami, de son bienfaiteur! Mais, halte-là! je permets qu'on sacrifie le monde entier, s'il y a des gens que cela arrange; mais je ne suis pas assez dénaturé pour me sacrifier moi-même. Ça serait un suicide, et la religion le défend!

« Qu'est-ce que je demande? Je suis riche, je me porte bien; mon village est magnifique. M. le préfet a de la considération pour moi, les autres maires sont jaloux, et l'on me regarde à vingt lieues à la ronde comme un bienfaiteur de l'humanité. Laissons donc les voisins tranquilles et ne les forçons pas de s'enrichir et de se guérir malgré eux. Ils ont la pellagre et pas le sou; eh bien, quoi? Ils sont comme leurs pères. C'est la Providence qui a fait les lots; elle avait ses raisons; respectons ses décrets. Je suis un homme religieux, moi, et maître Pierre n'est pas seulement baptisé. Ah! monsieur, quel fléau pour le pays! un homme sans principes et qui ne sait pas rester en paix! Mais patience! nous en serons bientôt délivrés!

— Parbleu! dis-je en éclatant, je voudrais bien voir que vous le fissiez abattre comme un animal nuisible et dangereux!

— Il y a manière, répondit le sage tuteur. Attendez seulement l'arrivée de M. Tomery. »

XI

M. TOMERY.

« Pour le coup! m'écriai-je en saisissant le maire au collet, vous allez satisfaire une curiosité qui me tracasse depuis mon arrivée. Qu'est-ce que M. Tomery?

— Mais c'est le fils unique au père Tomery qui s'est retiré des vins avec deux cent mille livres de rente.

— Voilà qui va bien, mais que vient-il faire ici?

— Vous le savez; ne faites pas l'enfant.

— Si je le savais, je ne vous le demanderais pas.

— C'est pourtant assez connu : il vient épouser Marinette. On ne raconte donc rien à Paris? la centralisation absorbante de la capitale...

— Bien, bien. Et Marinette se laisse épouser!

— J'y compte. Alors vous n'aviez jamais entendu dire que toute la jeunesse du chef-lieu faisait la cour à notre jolie Landaise? c'est un sport.

— Plaît-il?

— Un sport. Vous savez bien ce qu'on appelle un sport? c'est comme qui dirait une amusette qui devient sérieuse, parce que les hommes riches s'amusent à la prendre au sérieux. Ainsi le fils Darde a mangé moitié de sa fortune à faire maigrir des chevaux et des hommes : voilà un sport. M. Bijou aîné a attrapé je ne sais combien de rhumatismes à faire courir un grand bateau pointu, qui est tantôt à Bordeaux, tantôt à Rouen, tantôt à Paris, et qui voyage dix fois par an sur le chemin de fer : c'est un sport. Feu son honoré père s'était éborgné de l'œil droit en jouant, matin et soir, à la longue paume : c'était un sport; mais la mode en a passé. Le fils Tomery, en sortant du collége, a perdu plus de cent mille francs à ce jeu anglais où l'on donne treize cartes : c'était un sport bien tranquille pour un jeune homme de dix-neuf ans. Sa famille lui fit pourtant des remontrances, et comme il est docile, il changea de sport et se jeta dans les danseuses du Grand-Théâtre. Pour lors, il a trouvé une demoiselle qui lui a fait du chagrin, et, à la seule fin de s'en distraire, il s'est mis à la poursuite de Marinette. On en compte plus de vingt qui courent après son foulard jaune, car les petits messieurs de Bordeaux ne demandent qu'à s'amuser. L'été dernier s'est passé en promenades autour d'elle, en cadeaux, en ambassades et en cavalcades qui ont mis Pierre sur les dents, car il se sauve volontiers.

Tous ces messieurs ne sont peut-être pas plus amoureux que vous ou moi, mais ils sont riches, désœuvrés et piqués au jeu. Il y a des paris engagés. A la fin de la saison, l'on offrait cinq pour M. Tomery contre le champ; il était ce qu'on appelle le favori, mais non pas le favori de Marinette. Il s'est adressé à moi pour en venir à ses fins, et je compte bien le faire réussir, dans l'intérêt de tout le monde. Il s'est habillé en paysan, avec ses deux amis, pour faire une galanterie à la belle, et ce soir il la demandera en mariage, sans rien dire, à la muette, conformément à la coutume des Landes. Marinette lui répondra suivant son idée : c'est l'affaire d'un plat de noix.

— Je sais. Et j'ose prédire à votre protégé que, s'il aime les noix, il en mangera demain matin au dessert. Vous n'avez pas encore remarqué que Marinette aime maître Pierre?

— Et, quand elle l'aimerait? Elle ne l'épousera pas malgré lui. C'est un singulier amoureux que votre Pierre; car il est fou de la petite. Mais il aime la lande par-dessus tout, et il ne se mariera point avant d'avoir fini la tâche qu'il s'est imposée. C'est son idée, il ne s'en cache à personne, et il n'en fait pas le fin, même avec Marinette. Il se compare tout haut au bon laboureur qui ne se repose jamais sans avoir fait sa journée; or, sa journée, c'est la mise en culture de six cent mille hectares, et à supposer qu'il en abatte dix mille par an, ce qui n'est pas probable, il se reposera, dans soixante ans, entre les bras de sa jeune amie!

— Diantre!

— Il n'y a pas à le prêcher là-dessus : c'est un homme qui enfoncerait des clous avec le front. Marinette le connaît si bien, qu'elle n'essaye même pas de le convertir. Elle le suit pas à pas pour voir s'il n'aura pas bientôt fini sa besogne. Elle a du sang dans les veines; elle n'est pas du bois de résignation dont on fait les vieilles filles. Elle regarde la lande comme une rivale, et elle lui montre le poing quand maître Pierre a le dos tourné. Sa patience ne sera jamais aussi longue que le pays à défricher, et il ne faut qu'un coup de tête pour lui donner deux cent mille francs de rentes. Vous avez entendu ce matin comme elle agonisait son ingrat : ne croyez-vous pas que, dans un moment de dépit, elle serait fille à jeter le plat de noix par la fenêtre?

« Le cas échéant, maître Pierre aurait du chagrin, maître Pierre tomberait dans les amoureux transis, maître Pierre se mordrait les doigts, mais trop tard; maître Pierre prendrait le pays en dégoût et demanderait à s'en aller. Je ne l'abandonnerais pas à son malheureux sort, car je lui veux du bien, malgré tout. Je l'enverrais un peu loin d'ici, du côté d'Amiens, cultiver le champ d'une veuve un peu âgée, qui trouverait en lui un bon fermier et un excellent mari. Et mes Landais se tiendraient tranquilles à la fin, lorsqu'ils n'entendraient plus bourdonner à leurs oreilles les utopies subversives de maître Pierre.

— *Amen!* Mais j'entends des voix dans la cuisine ; c'est peut-être vos invités qui arrivent. »

Le maire leva la séance et m'ouvrit la porte de la cuisine que son gendre avait transformée en salle à manger. Les trois conseillers municipaux, les trois gendres et le garde champêtre nous saluèrent poliment en ôtant leurs chapeaux et en les remettant aussitôt sur leur tête.

Ces messieurs étaient habillés comme des personnes de la ville, car la *Belle-Jardinière* travaille malheureusement pour toute la France ; ils avaient la plus mauvaise grâce du monde sous les coutures roides de leurs vêtements presque neufs. Autant les ouvriers et les paysans sont beaux à voir dans leurs habits brisés par le travail quotidien, autant ils sont ridicules dans l'accoutrement d'emprunt qu'ils arborent en cérémonie. Cependant la gaucherie et la roideur du charpentier suisse avaient quelque chose de touchant. Ce grand gaillard osseux portait le gilet rouge et la veste à quarant-huit boutons de son père et de son grand-père.

Mais le seul type vraiment pittoresque de l'assemblée était le garde champêtre. Jean XVII, dernier rejeton de l'illustre race des Pavard de Tancogne, ni comte ni baron, mais noble homme des Landes et hidalgo des frontières d'Espagne, remplit fièrement les fonctions les plus modestes dans la commune de Bulos. Il est à la fois garde champêtre, appariteur, sonneur de cloche, et basse-taille au lutrin de l'église neuve. Sans fortune, sans instruction et sans l'éducation la plus élémentaire, il n'est ni moins influent ni moins considéré dans le pays, et il a partout son franc parler, même chez M. le maire. Peut-être a-t-il un peu dégénéré de son bisaïeul Jean XIV, de pantagruélique mémoire, le plus volumineux des hommes; on conserve au musée de Dax la table échancrée où quatre fois par jour, à l'heure des repas, il encadrait son ventre seigneurial. Le garde champêtre, sans atteindre à ces proportions antédiluviennes, est encore un bel échantillon de l'énormité humaine. Sa haute taille, ses larges épaules, son dos voûté, son ventre en ballon, ses mains épaisses, ses pieds larges, ses cheveux blancs hérissés comme des soies, sa moustache revêche et la grande balafre qui s'ouvre au milieu de son front comme l'œil d'un cyclope, composent un ensemble assez original, dans ce siècle d'uniformité. Lorsque j'entrai dans la cuisine, le géant octogénaire tenait Marinette sur sa main comme on porte une poupée, et il aplatissait sa figure camarde contre les joues délicates de l'enfant. Il était le plus ancien ami de sa famille ; et la petite avait mangé plus d'une bouillie sur ses genoux avant de faire la connaissance de maître Pierre.

Les femmes de la maison s'étaient endimanchées assez maladroitement : Marinette avait eu le bon goût de rester fidèle à son costume. Habillée en demoiselle de village elle eût peut-être été jolie, mais à coup sûr elle n'aurait plus été Marinette. Elle babillait sobrement avec les nouveaux venus, mais elle ne laissait voir ni l'embarras d'une demoiselle à marier, ni l'émotion d'une fille qui veut éprouver son amant en lui mettant le marché à la main. La mairesse parlait encore moins, en femme qui économise pour les dépenses de son mari.

La table était mise avec un certain luxe champêtre. Quatre nappes de toile bise couvraient les longues planches que le charpentier avait élevées sur des tréteaux. Dix-huit escabelles de vieux chêne attendaient les convives. Les assiettes larges et profondes étaient de cette vieille faïence craquelée dont l'émail bleuâtre s'illumine de coqs fantastiques, de paysages invraisemblables; de chinois grotesques et de gros œillets rouges disposés en bouquet avec des roses et des jacinthes. Les pâtés froids se dressaient sur de larges plats de Rouen où les arabesques bleues ressortaient quelquefois en relief. L'eau vinaigrée emplissait des Bacchus de faïence à cheval sur des tonnelets, ou des grès anciens mouchetés de rosaces luisantes. L'argenterie, plus modeste, était faite de cette matière terne qu'on vendait, il y a vingt ans, sous le nom de métal d'Alger; mais les couteaux, longs et pointus, étaient incrustés de cuivre jaune comme des navajas espagnoles. Une grande salière d'argent, contemporaine de Louis XIII, avait roulé jusque-là dans l'écroulement de quelque château, et un huilier en cristal de Bohême contrastait singulièrement avec les verres coniques, cannelés, un peu verdâtres, qu'on vend un sou pièce dans tous les villages, et qu'un homme qui sait vivre doit vider d'un seul trait.

Le jour tirait sur sa fin, mais on n'avait pas attendu pour fermer les volets que la nuit eût fini de tomber. Cinquante bougies de résine jaune grésillaient le long des murs sur des chandeliers pointus comme des clous. Leur flamme vacillante semait des reflets rouges sur les figures, et, suivant l'expression de M. le maire, éclairait agréablement *les hommes et les choses*. La pluie tombait au dehors; au dedans la broche tournait devant un feu bien clair, et j'éprouvai un instant de plaisir égoïste à me sentir clos et coi devant le rôti, tandis que maître Pierre, talonné par la passion, arpentait son royaume à toutes jambes.

Maître Pierre était le sujet de toutes les conversations, quoique Marinette eût mieux aimé entendre parler d'autre chose. La querelle du matin et l'escapade qui s'en était suivie avaient fait du bruit dans le village. L'arrivée de M. Tomery et ses intentions bien connues préoccupaient les commères des deux sexes, et il n'y avait si pauvre diable dans la commune qui n'eût payé son écot de grand cœur pour assister au drame intime qui allait se jouer devant nous.

Les conseillers municipaux et les trois gendres du maire manœuvraient comme un seul homme en faveur de M. Tomery. On devinait à l'ensemble de leurs mouvements que la leçon leur avait été faite. Il est juste de dire que les paysans n'ont pas besoin d'être poussés pour faire l'éloge de l'argent au préjudice de l'amour. L'argent est le principe et la fin de toutes leurs actions, et l'amour est un accident assez rare dans leur vie. Ils ont l'esprit trop sérieux pour plaisanter sur un homme riche, mais entre un amoureux et un bossu leur esprit railleur met peu de distance Ils se moquent de la passion comme de toutes les infirmités qui font un homme différent des autres, et plus un sentiment sort du commun, plus leur plaisanterie devient lourde et impitoyable. L'état-major de M. le maire appesantit la patte sur le pauvre petit homme chevaleresque qui se faisait mouiller par grand amour de sa belle, comme les héros de la Bibliothèque bleue et les paladins des vieux romans d'amour.

Sur un signe du magistrat municipal, ces messieurs passèrent subitement du plaisant au sévère, firent l'éloge de l'argent, se remplirent la bouche des millions de M. Tomery et se gargarisèrent de sa richesse. Ces honnêtes parvenus qui devaient leur premier centime à maître Pierre, firent sentir à Marinette qu'elle pouvait tripler la fortune du pays. Mme Tomery était appelée à devenir la bienfaitrice et la reine de Bulos. Sa position lui permettrait de fonder une ferme-modèle, de distribuer gratuitement à ses anciens amis des instruments d'agriculture, des bestiaux de race anglaise, des graines, des engrais artificiels! Son mari ne lui refuserait pas la satisfaction d'empierrer les chemins de la commune et de tripler par ce moyen les ressources des habitants. La population croîtrait en raison de la richesse, et Marinette serait pour ainsi dire la mère d'une ville nouvelle. Bulos devenait le chef-lieu du canton, de l'arrondissement, et même, qui sait? Du jour où la petite reine des Landes aurait épousé le fils Tomery, Bordeaux n'avait qu'à se bien tenir! En bonne justice, Marinette ne pouvait pas refuser de tels avantages pour les bons amis de son enfance, et il y aurait de l'ingratitude à faire moins pour le pays à qui elle devait tout!

Le garde champêtre avait reçu le mot d'ordre comme les autres; mais Jean XVII n'était pas homme à réciter une leçon comme un écolier.

« Oui, dit-il à Marinette, tu dois épouser M. Tomery, par la raison que nous avons besoin de maître Pierre. Il est fait pour épouser la lande et pour donner la pâtée à cinquante mille nourrissons. Quand il aura une femme à ses crocs et une demi-douzaine de moutards sur les bras, qu'est-ce que nous deviendrons, nous autres pauvres diables? Nous crèverons de pellagre et de faim, et voilà le cadeau de noces que sa femme nous aura fait! Crois-tu que, si le bon Dieu s'était marié, il aurait trouvé le temps de bâtir le monde?

« Les grands hommes, vois-tu, ça doit rester garçon. Ça se marie avec une idée, et ça lui fait des petits qui n'attrapent pas la coqueluche. Il y aura toujours assez de garçons pour les filles, surtout pour celles qui sont jolies et éduquées comme toi. Mais si on nous fourre maître Pierre sous un jupon, où est-ce que nous irons en chercher un autre? Ça n'est ni moi, ni monsieur le maire, ni personne d'ici qui pourrait le remplacer!

— Garde champêtre! je vous rappelle à la.... hiérarchie! s'écria le maire, rouge jusqu'aux oreilles.

— Oh! je sais ce que je dois à mes supérieurs, répondit modestement Pavard de Tancogne. Mais, poursuivit-il de sa belle voix de basse, ce n'est pas à l'âge de quatre-vingts ans que l'on apprend l'ingratitude. Monsieur le maire est un excellent administrateur, et je n'ai pas mon pareil comme garde champêtre; mais sans maître Pierre nous n'aurions pas grand'chose à administrer. M. le maire a gagné des écus et moi des gros sous, mais mon pauvre Pierrot en a fait gagner à tout le monde. M. le maire et moi, nous avons des idées, mais c'est Pierre qui nous les fournit. M. le maire écrit des rapports à la préfecture et je les recopie, mais c'est Pierre qui les dicte.

— Garde champêtre!

— Une supposition : que je vienne à mourir, ou moi, ou M. le maire; la commune ne retrouverait ni un maire aussi capable, ni un garde champêtre, j'ose le dire, aussi solide. Mais au bout de quinze jours il n'y paraîtrait plus. Tandis que maître Pierre....

— C'est bon, bavard, interrompit le maire. Nous savons que vous êtes un brave homme, et que vous avez toujours eu des bontés pour ce pauvre diable.

— Mais, monsieur le maire, c'est lui qui....

— Pas de modestie! Je dirai à monsieur, qui vient de Paris, tout le bien que vous avez fait dans la commune.

— J'ai fait ce que maître Pierre m'a dit.

— Vous avez été, suivant la belle expression d'un conseiller général, l'instrument du progrès.

— Mais, monsieur le maire....

— Vous avez payé de votre personne!

— Quant à ça...

— Vous avez lutté corps à corps avec la barbarie. Vous portez des cicatrices honorables.

— Certainement, monsieur le maire, mais....

— Et vous n'êtes pas glorieux, comme tant d'autres qui se vantent de ce qu'ils ont fait et de ce qu'ils n'ont pas fait. Monsieur, poursuivit-il en s'adressant à moi, notre garde champêtre, ici présent, est l'héritier d'une des plus grandes familles du pays. Vous voyez devant vous le dernier des Tancogne. Ce n'est pas lui qui serait embarrassé pour dire le nom de son père et de sa mère! Il a dix-sept générations d'ancêtres, et il n'en est pas plus fier!

— Vous m'excuserez, monsieur le maire, je suis fier de mon nom, mais je ne le jette point à la figure de ceux qui n'en ont pas. J'aurais trop peur de le laisser tomber, hé! hé! »

Le gros homme s'arrêta sur cette plaisanterie rustique. Sa bouche démeublée se fendit jusqu'aux oreilles, et son ventre se mit à danser joyeusement dans son gilet. L'auditoire s'associa de bonne grâce à son énorme gaieté, sauf peut-être M. le maire qui riait jaune en cherchant une réplique. Mais trois coups frappés dans la rue interrompirent la discussion.

Un profond silence se fit dans la cuisine, et tout le monde se rangea près de la porte, excepté les femmes. Marinette pâlit visiblement, sous la lumière rouge des chandelles, et, pour se donner une contenance, elle rajusta le foulard de sa plus proche voisine.

Le dialogue suivant s'engagea à travers la porte entre le maire et M. Tomery. L'un et l'autre parlaient patois :

« Qui frappe si tard ?

— Un honnête garçon qui n'est pas marié.

— Passez votre chemin ; nous avons des filles.

— Je ne viens pas pour leur faire peur, mais pour boire un verre de vin avec vous.

— Nous sommes de pauvres gens, et nous ne buvons que de l'eau vinaigrée.

— Je me suis arrêté au cabaret avec mes deux camarades et nous avons fait emplir deux cruches que voici.

— Entrez donc, et Dieu vous soit en aide ! »

La porte s'ouvrit, et les trois citadins défilèrent dans la cuisine en chancelant un peu sur leurs échasses. On ramassa sur le seuil deux énormes paniers de vin de Bordeaux qu'ils étaient censés avoir apportés eux-mêmes, et qui représentaient deux cruches de piquette, en vertu d'une fiction constitutionnelle. M. Tomery et ses compagnons mirent pied à terre avec quelque difficulté, quoique leurs échasses ne fussent pas hautes, et ils se secouèrent pour la forme, car ils étaient venus sous des parapluies. Leur costume tout neuf sentait je ne sais quel mélange de fantaisie et de couleur locale. Leur béret national devait arriver directement de Paris, et leur veste avait été taillée dans le style rustique par un célèbre coupeur du boulevard : autant aurait valu commander un habit de cour au tailleur de Bulos. La peau de mouton qu'ils portaient en pardessus était plus fine et plus soyeuse que nature : on eût dit que chacun d'eux avait écorché un mouton du jour de l'an, dans la boutique de Giroux. Leurs échasses, que j'examinai de près, étaient des échasses de cérémonie, des échasses pour aller dans le monde. En résumé, M. Tomery et ses deux acolytes s'étaient déguisés pour cette demande en mariage comme pour un bal de l'Opéra.

Du reste, ils n'avaient ni mauvaise tournure ni mauvaise façon, quoiqu'ils eussent bu un coup d'avance pour se donner de la gaieté. J'appris immédiatement à les distinguer par leurs noms, car chaque paysan qui leur serrait la main ne manquait pas de leur dire : Bonsoir, monsieur Tomery fils ; votre serviteur, monsieur Bijou aîné. Le maire, plus initié aux usages du monde, les avait réunis tous les trois dans une salutation officielle : « Veuillez agréer, messieurs, l'assurance de ma haute considération. » Juste comme à la fin d'une lettre à M. le préfet.

M. Tomery, le candidat, était un gros réjoui de

trente ans, bien nourri, bien frais, bien rond, l'œil vif, l'oreille rouge, la moustache en croc ; la physionomie avenante d'un viveur de province, qui scandalise la ville en se couchant à minuit. Il est à remarquer que les plaisirs de Paris détruisent rapidement leur homme, tandis que les débauches départementales le poussent tout doucement à l'obésité. La province n'offre guère aux jeunes gens que des entraînements tranquilles et des débordements mesurés d'avance. Elle les émancipe plus tard, les range plus tôt, et ne leur lâche jamais complétement la bride. Elle leur permet de boire sans soif, d'acheter des chevaux et d'entretenir une danseuse, mais elle leur verse à haute dose le sommeil, ce contre-poison de tous les plaisirs, qui manque aux viveurs de Paris.

J'étais littéralement émerveillé de la jeunesse et de la figure de M. Darde, le plus adolescent des témoins de M. Tomery. Il avait vingt-cinq ans, il avait mangé une jolie fortune, il avait fondé, soutenu et enterré le Jockey-Club de Bordeaux, et il ressemblait à un bel enfant qu'on va chercher au collége. Sa moustache brune courait comme une fumée au-dessus de sa lèvre, et ses favoris vierges autour de ses joues roses étaient comme le duvet d'un fruit.

M. Bijou aîné, homme fait et même un peu défait, plein de jours et chargé de rhumatismes, prouvait que les rivières de province ne font pas grâce aux canotiers. Ce vétéran des régates bordelaises était roide comme un aviron et jaune comme un coucher de soleil. Sa figure blafarde et tant soit peu transparente se hérissait de petites brosses de chiendent. Ses arcades sourcilières étaient absolument nues ; en foi de quoi les habitants de Bordeaux l'appelaient : le chef des enfants sans *sourcils*.

Les nouveaux venus saluèrent Marinette sans lui rien dire ; ainsi l'ordonnait la coutume. Le candidat doit se faire valoir par tous les moyens indirects, mais un seul mot dit en sa faveur par lui ou par les siens serait considéré comme une manœuvre électorale. Marinette leur fit sa petite révérence courte et sauvage, et courut aider la mairesse qui servait sur table. Le service et la cuisine étaient dévolus aux femmes de la maison, comme partout où il n'y a pas de domestiques. Ces dames étalèrent d'abord les mets du pays, la bouillie de maïs, les sardines salées, les ragoûts d'anguille et les canards du bassin d'Arcachon confits dans la graisse. La maîtresse de la maison, armée d'une cuiller de bois qui aurait pu passer pour une écuelle, servit la bouillie en guise de potage, et quand toutes les assiettes furent pleines jusqu'aux bords, le maire déclara que la séance était ouverte.

Mon escabelle était à la gauche de la mairesse. J'avais devant moi Marinette, assise entre le maire et M. Tomery. J'apercevais, aux bas bouts de la table, d'un côté M. Pavard de Tancogne ; de l'autre, l'assiette réservée à maître Pierre : j'étais donc aux premières loges.

Le premier service passa sans incident remarquable. La mairesse me fit goûter l'eau des puits de Bulos, qui me parut fort potable. Le maire m'*observa* que les deux puits qui la fournissaient avaient l'honneur de porter son nom. Elle n'avait pas assurément la saveur fraîche, brillante et pour ainsi dire métallique de l'eau qui a couru sur les rochers, mais le suisse François la buvait sans grimace, et moi aussi. En revanche, les paniers de M. Tomery contenaient du vin rouge de Château-Laffitte, et vingt-cinq bouteilles de ce vin blanc de Sauternes-Yquem que la chambre du commerce de Bordeaux a rangé hors classe. Les Landais renoncèrent bientôt à l'eau vinaigrée pour faire honneur aux présents de leurs hôtes, et le diapason de la gaieté générale s'éleva insensiblement. Les convives ne se tenaient pas immobiles à leurs places, comme dans un dîner servi. Les femmes étaient toujours en mouvement pour soigner un plat ou servir un ragoût, et les hommes se levaient l'un après l'autre pour changer d'assiette ou prendre les choses dont ils avaient besoin. Dans ces allées et venues chacun regardait devant soi pour ne pas marcher sur la queue d'un chat ou sur la patte du chien de la maison : ces animaux familiers étaient partout à la fois, se frottaient à toutes les jambes, tiraient à eux toutes les serviettes, et laissaient des échantillons de leur poil à tous les pantalons. Les plats arrivaient sans ordre bien déterminé : les poissons avec la salade et les ragoûts après les rôtis; mais on eut de tout en abondance, tant qu'un des conseillers municipaux en pensa mourir. Le seul incident fâcheux fut une erreur de la mairesse qui avait mis bouillir une livre de café vert avec un abatis de dindon.

Marinette ne craignait pas de se montrer préoccupée. Elle se retournait de temps en temps vers la porte. Quelquefois elle me regardait dans les yeux comme pour me demander conseil, et je haussais les épaules en signe de compassion. Elle évitait les regards du maire et regardait en dessous la figure de M. Tomery.

Le maire était tout à son affaire : il représentait! ses paroles étaient choisies et ses gestes mesurés avec soin. Il ne se mouchait jamais sans tourner le dos à la table, et il n'entendait pas éternuer un voisin sans lui dire : Que Dieu vous enrichisse! S'il avait besoin de sel, il disait à M. Darde fils : sans vous rien prescrire, monsieur Darde, veuillez me communiquer la salière. Si on le priait de faire passer un plat, il répondait sans hésiter : J'y souscris! Et si quelqu'un lui offrait du poulet, il disait en étendant la main : Je serai partie prenante de cette volaille. Il trinqua plusieurs fois avec ses voisins, mais il fit remarquer que c'était un usage de campagne et qu'on ne trinquait pas à la préfecture de Bordeaux ni probablement au Sénat de Paris.

Les trois messieurs de la ville s'amusaient médiocrement, et buvaient à petits coups sans parvenir à se mettre en train. Ils étaient presque aussi gênés au milieu de ces paysans qu'un paysan au milieu de citadins, car ils avaient peu d'idées à échanger avec eux. S'ils s'étaient trouvés ensemble dans un coin, peut-être auraient-ils eu de quoi rire; mais le festin n'était pas assez comique pour qu'on pût s'en égayer isolément.

En résumé, cette demande en mariage, que j'avais espérée plus pittoresque, ressemblait à une plaisanterie qui tourne mal. Ce qui m'avait paru si curieux dans la légende me semblait déjà triste et fatigant. Marinette s'agitait sur son escabeau comme une personne qui souffre, et M. Tomery ne comprenait rien à cette attitude. Le maire devait lui avoir promis un autre accueil. Un instant je crus deviner qu'il cherchait le pied de sa voisine, et la fille du désert lui lança sous la table quelque chose qui n'était pas un aveu.

Peut-être ma présence entrait-elle pour un peu dans la gêne des nouveaux venus. Les présentations ne sont pas de mode à Bulos, et d'ailleurs ni le maire ni personne chez lui ne savait mon nom.

M. Tomery et ses compagnons devaient voir que je n'étais pas du pays, et ils pouvaient trouver étrange que j'assistasse à une cérémonie dont ils faisaient les frais de toute façon. Je rencontrai quatre ou cinq fois les yeux de M. Tomery, et je pense que l'ennui de se voir observé dans une situation ridicule ne le disposa pas en ma faveur.

Le maire, plein de tact, comme à son ordinaire, aggrava ma situation : « Messieurs et dames, dit-il en se frottant les mains, c'est une belle fête! ah! c'est une belle fête! Elle fera époque dans les annales de Bulos. On en parlera jusqu'à Bordeaux. Que dis-je? Il en sera question dans les feuilles de Paris. »

Les trois citoyens de Bordeaux levèrent la tête, et je pris un air d'indifférence : je sentais leurs yeux fixés sur moi.

« Oui, messieurs, poursuivit le maire, en me désignant du bout de sa fourchette. Nous possédons dans nos murs un organe de l'opinion; un homme qui a fait le chemin tout exprès pour étudier mes landes et nos mœurs.

— Pas tout à fait, répondis-je. J'étais venu pour l'inauguration du chemin de Toulouse, et la curiosité de voir un pays à la mode m'a égaré depuis deux jours. M. le maire m'a arrêté au passage en m'invitant à dîner, et je serais parti malgré la pluie si j'avais su que j'étais indiscret.

— Vous ne l'êtes pas, monsieur, répondit M. Tomery en me saluant. Nous nous trouvons ici au même titre que vous, en vertu des vieilles lois de l'hospitalité.

— Que diable ne parliez-vous plus tôt? s'écria M. Darde, en saluant à son tour. C'est une bonne fortune de trouver quelqu'un avec qui causer... de Paris! »

A son tour, M. Bijou se pencha sur la table et me montra deux rangées de dents jaunes qui me souhaitaient la bienvenue.

« Ah! vous arrivez de Paris! reprit vivement M. Darde fils. Que dit-on? que fait-on? Étiez-vous dimanche aux courses? Qui est-ce qui court? Qui est-ce qui fait courir? Pensez-vous que M. Aumont se soit retiré définitivement? Qui est-ce qui aura la veine cette année? Je parierais pour M. Lupin ou pour M. Mosselmann : ses chevaux ont des noms qui doivent porter bonheur. M. le marquis de Lagrange a-t-il gardé *Monarque?* Parlez-moi de *Diamant*, de *Nat*, de *Flying Buck*, de *Monsieur-Henry*! Vous n'êtes jamais allé au Derby? J'ai vu ça, moi. Admirable, monsieur! Il n'y a que les Anglais qui sachent s'amuser!

— A cheval.

— Bien entendu. Tout le long de la route, au retour, nous nous sommes jeté des bouteilles, des plats, des terrines. Dis donc, Bijou? n'est-ce pas là que tu as eu la tête à moitié cassée? »

M. Bijou aîné inclina la tête en signe d'approbation.

« C'est là et partout, reprit M. Tomery. Ce pauvre Bijou a la spécialité des malheurs. S'il monte en dog-cart, l'essieu casse ; s'il court un steeple-chase, il tombe dans la rivière ; s'il dîne au restaurant, les crevettes sont empoisonnées ; s'il se bat en duel avec un ami, il empoche un coup d'épée. C'est sa manière de s'amuser.

— C'est bon, c'est bon ! répliqua M. Bijou aîné ; je me rattrape sur l'eau.

— Sur l'eau ! c'est le rhumatisme qui te rattrape. Il est vrai que par compensation tu arrives bon troisième après *la Néva* de Rouen et le *Duc-de-Framboisi*, de Paris.

— C'est bon ! C'est bon ! Tu verras aux prochaines régates. Je me suis fait faire un bateau neuf dont ils me diront des nouvelles. D'abord, je te parie cent louis que tu ne trouves ni en France ni en Angleterre une équipe comme celle du *Richelieu !*

— Garde tes cent louis, je n'en veux pas. Croiriez-vous, monsieur, dit M. Darde, en se tournant vers moi, croiriez-vous que Bijou a tenu dix louis pour Watkins contre Spreoty ? Spreoty est le premier jockey du monde, il n'y a pas à discuter là-dessus. Je ne veux pas médire de Watkins, ni de Wells, ni de Mann, ni de Carter, ni de Pratt ; mais campez-moi Spreoty à cheval sur une canne, avec des poids tout le long du corps : il partira au petit galop, sans se presser, il laissera prendre la corde à tout le monde; mais au dernier tour, hurrah! il fera tant des éperons, de la cravache et de tout, qu'il gagnera d'une pomme de canne, pour le moins. »

La conversation était engagée, on ne la laissa plus languir. Ces messieurs n'avaient pas vu Paris depuis plusieurs mois; mais, aux questions dont ils m'accablaient, je crus reconnaître que c'était à moi de les interroger. Que leur érudition fût vraie ou fausse, acquise sur place ou dans les journaux, elle m'étonna quelque peu. Je m'aperçus que la jeunesse des grandes villes a fait depuis quelque temps assez ample connaissance avec Paris. Ces trois messieurs étaient assurément plus Parisiens que moi. Ils parlaient des chevaux et des jockeys célèbres comme s'ils avaient pu vivre dans leur intimité. Ils raisonnaient sur les habits et les chaussures avec une précision miraculeuse. Je fus tout étonné d'apprendre à Bordeaux que les grands tailleurs du boulevard allaient passer de mode : qu'on se ferait habiller en Angleterre chez Poole ou au faubourg Saint-Germain, chez un M. Alfred. Je vis prophétiser le règne des panamas, qui trônèrent effectivement pendant tout l'été, et l'on me parla de certaines bottines d'étoffe à bout verni que les hommes à la mode devaient porter même au bal, à l'exclusion de toute autre chaussure.

A propos du club que M. Darde avait essayé de fonder à Bordeaux, j'entendis raisonner sur l'organisation des clubs de Paris; comment le *Jockey* et le *Baby* s'étaient fondus ensemble; pourquoi il était si difficile d'être admis à *l'Union*, et comme quoi *la Crèche* semblait avoir peu d'avenir.

Mais lorsqu'il fut question de l'Opéra, ce fut bien une autre histoire. J'étais loin de supposer que la ville de Bordeaux fût si versée dans les affaires de l'Opéra. Non-seulement M. Darde établit un parallèle des plus savants entre les pointes de Mme Ferraris et les grâces de Mme Rosati, en réservant les droits de Mlle Legrain et de la danse française; mais M. Tomery, qui avait eu ses entrées dans la maison, nous prouva clair comme le jour que la jeunesse de Bordeaux était appelée à régner sur le foyer de la danse, et qu'avant dix ans le vaisseau du *Corsaire* et tout son équipage viendrait mouiller dans la Gironde, sous le commandement d'un état-major bordelais.

Cependant, la pauvre Marinette bâillait entre ses dents, et sans le souci qui la tenait éveillée elle aurait dormi dans son assiette. Le maire et tous les assistants s'ennuyaient de ne pas comprendre et de rester hors de la conversation comme des pauvres à la porte d'un festin. L'enfant terrible de la commune, Jean Pavard de Tancogne, interrompit familièrement M. Tomery.

« Dites donc, monsieur Tomery, lui cria-t-il du haut de la table, il paraît que les bourgeois s'amusent à Paris! Mais parlez-moi un brin de ma caste, à moi. Qu'est-ce qu'on dit de la noblesse? »

M. Tomery lui répondit en souriant : « On n'en dit pas grand'chose, vieil aristocrate.

— Et pourquoi ça, vrai Dieu!

— Parce qu'elle est passée de mode.

— Mais pourquoi qu'elle est passée de mode?

— Parce qu'elle ne servait à rien, probablement.

— Vous servez donc à quelque chose, vous?

— Garde champêtre! interrompit le maire.

— Laissez-moi seulement faire un raisonnement. Je suis le dix-septième mâle de ma race. Jean Ier avait gagné, Dieu sait comment, une centaine d'arpents de terre. Tous les aînés de la famille ont cultivé ça de père en fils jusqu'à la Révolution, tandis que les cadets tiraient le diable par la queue. Toutes les fois qu'il y avait trois Pavard au monde, il y en avait un aîné pour cultiver le pays, un cadet pour le défendre, et un culot pour bénir les champs à tour de bras le jour des Rogations. Mais jamais, au grand jamais, je n'ai ouï dire qu'un Pavard ait perdu son temps à des bêtises comme vous autres parvenus!

— Garde champêtre! dit le maire, vous excitez les classes de la société à s'armer les unes contre les autres.

— Soyez tranquille! Ils ne s'armeront pas du tout. On disait, il y a dix ans, que la jeunesse s'ennuyait, et qu'il lui fallait une guerre. On leur en a donné, de la guerre, et de la bonne encore! Combien y en a-t-il qui aient eu la curiosité de voyager en Crimée?

— Silence! cria le maire, le moment est venu de porter un toast. »

Il se leva, remplit son verre et dit d'un ton ferme et convaincu :

« Messieurs, sans faire aucune allusion aux événements matrimoniaux qui, s'il m'est permis de le dire, se préparent plus ou moins dans cette honorable assemblée, permettez-moi de porter comme magistrat municipal une santé bien délicate, qui est dans vos cœurs comme dans le mien, quoiqu'il ne me serait peut-être pas permis, comme homme, à moins d'y être provoqué directement, de me proposer un toast à moi-même. Mais au centre des conquêtes pacifiques, comme le disait encore M. le préfet, qui s'accomplissent en l'honneur du siècle et en faveur du Gouvernement dans la commune de Bulos, la modestie personnelle doit se taire devant l'éclat de la chose ; et chacun, le verre en main, peut s'écrier avec moi sans crainte de surfaire le présent ni d'engager à l'avenir : Au magistrat qui a eu le bonheur d'assainir, de cultiver, de bâtir et de peupler les Landes! Au savant sans prétention qui, après avoir construit à ses frais, quoique non sans profit, les chalets de Bulos, a trouvé de l'eau pure pour les habitants! Au pacificateur qui a détruit les loups, les taureaux et autres vermines sauvages, et établi un équilibre européen entre les cultivateurs et les bergers de la commune! A celui que la modestie ne me permet pas de nommer, mais qui sera toujours heureux et fier de vous serrer dans ses bras!

— A maître Pierre! hurla le garde champêtre.
— Présent! » dit maître Pierre en ouvrant la porte.

XII

PROPOS DE BUVEURS.

Il n'y avait pas bien longtemps qu'il nous avait quittés, et pourtant son retour m'arracha un cri de joie. Le mal qu'on m'avait dit de lui, les efforts du maire pour lui voler sa gloire, le danger qu'il courait dans son bonheur et dans son amour, l'hésitation visible de Marinette, la sécurité impertinente de M. Tomery, l'hostilité de presque toutes les personnes présentes, l'irrésolution honorable qui le faisait flotter, comme un héros de Corneille, entre son devoir et sa maîtresse, me le rendaient encore plus cher.

Il salua les assistants de la voix et du geste, tourna autour de la table, et vint se déchausser de ses échasses sur le manteau de la cheminée. L'eau ruisselait de toute sa personne, et il souriait silencieusement comme s'il ne s'était pas senti mouillé. On lui conseilla de se sécher ou de changer d'habits, mais il n'en voulut rien faire.

« Mangez et buvez, dit-il ; quand j'aurai jeté ma peau de mouton et pris un petit air de feu, il n'y paraîtra plus. La pluie et moi, nous sommes de vieilles connaissances.

— Nous ne t'espérions plus, » lui dit le maire.

Le garde champêtre vint l'embrasser sur les deux joues, en criant d'une voix de tonnerre :

« Moi, je t'espérais toujours. Tu sens le chien mouillé, mais ça ne t'empêche pas d'être un grand homme. Nous t'avons laissé du poulet, et je viens de boire à ta santé.

— Vous êtes tous bien bons, répondit-il avec une confiance charmante. Le dessert n'est pas encore servi ?

— Non, dit Marinette ; nous avons le temps. »

En se rendant à sa place, il me serra la main et me dit :

« Vous jouez de bonheur. Vous étiez venu voir des sauvages, et l'on vous offre des messieurs par-dessus le marché. Serviteur très-humble, à monsieur Tomery fils et la compagnie !

— Vous êtes parti bien brusquement, monsieur maître Pierre, répondit le fils Tomery. Je vois avec plaisir que ce n'est pas nous qui vous avons chassé. »

Il gagna sa place sans mot dire, et murmura en dépliant sa serviette :

« On ne me chasse pas, monsieur Tomery. Je suis chasseur depuis l'âge de douze ans.

— Le fait est qu'il faut être chasseur pour sortir sous une ondée pareille. Mais je ne vois pas ce que vous avez pu tuer, excepté le temps ?

— Rien ; j'ai été prendre l'air à six lieues d'ici. »

Il se livra pendant un petit quart d'heure à ce que Rabelais appelle la réfection de dessous le nez, mangea trois ou quatre cuisses de poulet et vida une cruche d'eau vinaigrée. M. Tomery le regardait en dessous et buvait coup sur coup, comme un poltron avant d'aller sur le terrain.

Maître Pierre s'essuya la bouche du revers de la main, sans songer qu'il avait une serviette. Il leva le nez dans la direction de M. Tomery, le regarda entre les deux yeux, et lui dit à brûle-pourpoint : « Dites donc, monsieur Tomery, savez-vous ce qu'on raconte ? Que vous allez vous marier !

— Parbleu ! répondit le jeune homme, j'aime mieux ça. On ne dit rien que de vrai, monsieur maître Pierre. Il faut faire une fin en ce monde, et le mariage est tout à fait dans mes idées.

— Ah ! ah ! Et la fille est bien ?

— Je n'entamerais pas ce chapitre-là sans y être provoqué, mais puisque vous me posez des questions, monsieur maître Pierre, j'ai le droit de vous dire que c'est la plus jolie, la plus mignonne, la plus spirituelle et la plus honnête fille du pays.

— Et.... elle veut bien de vous ?

— Dans tous les cas, je ne l'épouserai point malgré elle.

— Allons! bien du plaisir!

— Ce n'est pour autre chose qu'on se marie.

— Vous croyez? Quel état comptez-vous donc faire, quand vous serez entré en ménage?

— Mais l'état de bon mari et de bon père de famille, comme j'ai fait jusqu'ici l'état de bon garçon et de bon vivant.

— Vous travaillerez bien pourtant à quelque chose?

— Dieu m'en préserve! monsieur maître Pierre. Je croirais manquer grièvement à mon honoré père qui m'a assuré les moyens de vivre les bras croisés.

— Pourtant, monsieur Tomery, l'homme est né pour le travail.

— Où diable avez-vous lu cela?

— Je ne sais pas lire, mais tous les honnêtes gens que j'ai rencontrés, et monsieur votre honoré père, travaillaient du matin au soir.

— Tant qu'ils n'ont pas pu faire autrement. Mon cher monsieur, si vous aviez eu l'occasion de lire les Écritures, vous auriez vu que Dieu a créé l'homme pour le repos : il n'y avait pas de scieurs de long dans le paradis terrestre Les choses ont un peu changé à la suite du péché originel, et Dieu nous a dit : vous travaillerez pour vivre ; mais il ne nous a pas dit : vous vivrez pour travailler. Lorsqu'un terrassier a pioché la terre depuis six heures du matin jusqu'à six heures du soir, vous lui accordez le droit de se reposer, pas vrai?

— Certainement.

— Vous lui permettez de manger sa soupe, de se jeter sur sa paillasse, et de dormir tout à plat jusqu'au lendemain?

— Il faudrait être bien injuste!

— A la bonne heure! Vous ne trouvez pas mauvais non plus qu'un employé de bureau commence sa journée à dix heures et la termine à cinq? Est-ce que vous l'estimez un sou de moins que le terrassier?

— Pas du tout.

— Et quand mon père faisait sa journée en deux heures de temps, avait-il moins de droits à votre considération que ses employés?

— Au contraire!

— Vous êtes juste, allons! Le monde est comme vous : il fait plus de cas de l'homme qui finit sa journée en deux heures que du pauvre diable qui sue depuis le lever du soleil jusqu'à la tombée de la nuit. Vous ne détestez pas non plus qu'on fasse des économies?

— Pardienne!

— Ainsi, M. le maire ici présent a amassé du pain pour ses vieux jours. Vous l'estimeriez peut-être davantage s'il n'avait rien mis de côté?

— Je serais donc bien idiot!

— Mais vous parlez comme un livre. Maintenant, réfléchissez, monsieur maître Pierre. Vous verrez que, dans l'échelle des hommes, les derniers sont ceux qui travaillent le plus fort et le plus longtemps; les premiers, ceux qui travaillent peu d'heures dans le jour, peu de jours dans l'année et peu d'années dans la vie. Vous verrez que, grâce à l'institution de ce qu'on appelle le capital, il se peut qu'un seul individu acquière en très-peu de temps le droit au repos, non-seulement pour lui, mais pour sa postérité la plus reculée, et fasse rentrer sa famille dans le paradis terrestre, où Adam et Ève se croisaient les bras, avec la permission du bon Dieu! Ah! vous croyez que le travail est naturel à l'homme! Cela vous amuse donc, vous, de piocher la terre et d'avoir des ampoules aux mains?

— Ça m'amuse et ça ne m'amuse pas.

— Mais, mon cher monsieur, le travail est tellement contre nature, que les bêtes elles-mêmes n'y vont que contraintes et forcées. C'est le fouet qui pousse les chevaux au labour, c'est l'aiguillon qui pousse les bœufs, c'est la faim qui pousse les hommes. Je ne crains rien de tout cela, moi qui vous parle, et c'est une bonne condition pour entrer en ménage. N'est-il pas flatteur et glorieux de dire à la fille qu'on aime : Mademoiselle, ni vous, ni vos enfants, ni votre postérité la plus reculée ne sera condamnée au travail; nous sommes assez riches pour vivre dix mille ans sans redouter le fouet, l'aiguillon ou la faim?

— C'est drôle, dit maître Pierre : j'aurais bien aimé conduire mes petits dans la lande. Mais l'argent s'use, que diable! et le vôtre ne durera pas toujours.

— Pourquoi donc? Quatre millions placés au taux légal ne produiront-ils pas deux cent mille francs par an, sans se détériorer, jusqu'à la fin des siècles? J'aurai deux enfants : chacun d'eux hérite de cent mille livres de rente et en épouse autant; ils seront aussi riches que moi à perpétuité.

— Et si vous aviez une douzaine de bambins à établir? C'est une chose qui se voit.

— Jamais dans la bourgeoisie sage et éclairée. Douze enfants, monsieur maître Pierre! Cette multiplication effrénée de l'espèce humaine ne se produit que dans les classes inférieures, où l'homme, abruti par le travail, découragé par la misère, a perdu le sentiment de ses intérêts et de ses devoirs. A mesure qu'on s'élève dans les hautes régions de la société, la prévoyance des parents prend soin de limiter l'accroissement des familles, et un bon père n'a jamais plus d'enfants qu'il ne peut en enrichir.

— J'aimais mieux le droit d'aînesse interrompit Jean Pavard de Tancogne. C'était plus dur, mais c'était plus propre!

— Alors, reprit maître Pierre, vous vous mariez pour faire souche de rentiers ?

— J'y compte.

— Vous aurez deux enfants qui en auront chacun deux, et ainsi de suite jusqu'à l'infini, tous heureux, tous tranquilles, tous oisifs, qui traverseront le monde les mains dans leurs poches ?

— Ce n'est pas un avenir à dédaigner.

— Mais, comme ni vos enfants ni vos petits-enfants ne seront bons à manger, je voudrais bien savoir à quoi ils serviront aux autres hommes ?

— A rien, parbleu ! Ils ne sont pas leurs domestiques !

— C'est juste, dit maître Pierre. Il ajouta en élevant la voix par degrés : Eh bien, moi, je suis le domestique de tout le monde, et je ne plains pas ma peine, quand même on ne devrait me payer ni dans cette vie ni dans l'autre. Je viens où l'on m'appelle, et je vais où l'on m'envoie. Mes bras appartiennent au premier venu qui en a besoin, et je ne me fais pas prier deux fois pour boucler mes échasses. S'il y a quelques bonnes idées dans ma tête, on y peut puiser largement, comme dans les deux puits de Bulos. Si jamais je trouve une femme à mon gré, elle sera domestique comme moi, domestique des pauvres, domestique des riches, car les riches eux-mêmes ont quelquefois besoin d'un coup de main. Tous les enfants qui me naîtront seront les bienvenus, et je ne me plaindrai jamais d'en avoir trop, car il y a de la besogne à faire sur la lande. D'ailleurs, est-ce qu'on a jamais trop d'enfants? Il en meurt quelquefois, c'est un déchet sur lequel vous n'avez pas l'air de compter. Si vous avez fille et garçon, partage de roi, et qu'à l'âge de soixante ans vous conduisiez fille et garçon au cimetière! Les bonnes gens diront en vous voyant passer : Ce pauvre M. Tomery, qui a perdu les soutiens de sa vieillesse! Moi je dirai : Cet imbécile de M. Tomery, qui n'a pas des enfants de rechange!

« Mes petits ne trouveront pas cent mille livres de rente dans les langes de leur berceau, et pourtant ils seront aussi riches que les vôtres, car ils ne manqueront jamais de rien. Ils posséderont deux bons bras, du chef de leur mère, et un lopin de terre, de mon chef. Vous parliez de capital, tout à l'heure : le seul capital éternel, inusable et inépuisable, c'est la terre. Le papier a du bon; je ne suis plus assez paysan pour le nier. Il y a des papiers qu'on achète cinq cents francs et qu'on revend deux mille; mais il y en a d'autres qu'on achète deux mille et qu'on ne revend rien du tout. Mon tuteur aime mieux l'argent, et il fait des cachettes en terre; j'étais dans ces idées-là quand j'avais douze ans. Mais l'argent et l'or sont traîtres. Ils haussent aujourd'hui, ils baissent demain, suivant le caprice ou la peur des sots qui les possèdent;

mais, en résumé, ils baissent toujours. Mille écus de rente étaient une fortune il y a cent ans ; c'est une bien petite aisance aujourd'hui ; ça sera bientôt la misère. Vous êtes bien riches avec vos deux cent mille francs de revenu ; vos enfants le seront dix fois moins, si la pièce de cinq francs tombe à dix sous. Avis à mon tuteur qui enterre précieusement ses monnaies, et à tous ceux qui fondent leur confiance sur des piles d'argent ! Moi, j'ai de la terre. Je produis du bois et de la résine ; je produirai du blé et de la viande quand mes marais seront desséchés. Que l'argent se montre ou se cache, que la pièce de cent sous coure les rues ou descende dans les caves, c'est le cadet de mes soucis. L'hectare cultivé fournira toujours la nourriture d'un homme, comme il fournissait autrefois celle d'un mouton. Plus votre argent tombera en discrédit, plus les produits de ma terre et de mon travail augmenteront de valeur. Et si, dans cent ans d'ici, quand les mineurs auront fini d'éventrer la terre, la monnaie se vend au tas dans les rues de Bordeaux, nous serons plus riches que vous ! Tu n'as pas un peu de dessert à nous donner, Marinette. »

Marinette se leva sans répondre, et ouvrit la grande armoire qui remplissait tout un angle de la cuisine. Elle en retira successivement douze plats couverts qu'elle disposa symétriquement au milieu de la table. A partir de cet instant jusqu'à la fin du repas, les conviés découvrirent un à un tous les plats qui se trouvaient à leur portée, et les firent passer à la ronde ; mais on eut soin de réserver pour la fin une énorme corbeille de faïence hermétiquement close, qui renfermait le secret de Marinette et le destin de M. Tomery. Tous les yeux sondaient avec curiosité ce vase mystérieux, mais personne ne fit une allusion même indirecte à son contenu. Le regard assuré de M. Tomery et le regard inquiet et sournois de maître Pierre se croisaient à chaque instant autour de la corbeille. Marinette la lorgnait quelquefois du coin de la prunelle, tout en cassant des amandes avec ses dents.

On me fit passer successivement des biscuits, des macarons, des quatre mendiants, des gâteaux secs émaillés de nonpareille, des bergers et des bergères de sucre peint; des croquignoles, des os de grenouille, des pommes ridées, des bonbons en papillote, des rectangles de caramel enveloppés dans des rébus, et tout ce qui compose à la campagne les affreux desserts du mois d'avril. Les convives dévoraient sans y penser toutes ces friandises pulvérulentes que la maîtresse de la maison avait défendues pendant un an ou deux contre les rats et les souris. Chaque gâteau s'émiettait dans la bouche, et il fallait boire un grand coup de vin pour le faire passer. On buvait donc; on chantait au si on lisait tout haut les devises des bonbons, disposées par demandes et par réponses; on déchiffrait les rébus, on envoyait aux dames les madrigaux du confiseur, on se mettait à deux pour tirer de petites bandes de parchemin rouge ou bleu liées par quelques grains de poudre fulminante. On changeait d'assiette avec le voisin, et l'on faisait circuler les épisodes de la conquête d'Alger, peints en camaïeu sur terre de pipe.

Cinq ou six conversations générales s'engageaient à la fois, et, quand les interlocuteurs étaient trop loin, ils criaient pour mieux s'entendre. Toutes les chaises ne restaient pas en place, et tous les invités ne restaient pas sur leur chaise. M. Bijou aîné, trop bien élevé pour quitter la table, s'endormait sur ses coudes, et l'adjoint profitait de son abattement pour lui vendre une vache. Le deuxième conseiller municipal mangeait toujours; il était de ceux qui boivent le pain, comme on dit à la campagne. Le maire, toujours poursuivi par les idées d'autorité, s'en alla mettre son écharpe. On l'applaudit à son entrée, et l'instant d'après on ne fit plus attention à lui. Son gendre François chantait quelque chose en allemand. M. Darde tirait le maire par son écharpe, et lui racontait ses bonnes fortunes. Les femmes cachaient les bouteilles, raisonnaient leurs maris, et se frottaient les yeux pour ne pas dormir. Maître Pierre et Marinette tranchaient sur toute l'assemblée

par un air de distinction, de calme et de sobriété.
Ils enfermaient leurs sentiments en eux-mêmes, et
j'aurais été fort empêché de traduire les idées
qui s'échappaient par leurs yeux. M. Tomery n'é-
tait pas ivre comme les paysans, car le vin est un
fardeau léger pour les beaux viveurs de la Gironde.
Un peu de vermillon sur les deux joues, un peu
d'humidité dans les yeux, une vivacité inusitée
dans les mouvements, voilà les seuls symptômes
qui pouvaient le compromettre un peu. Ses discours n'étaient point déraisonnables, mais on y
sentait percer une pétulance provoquante et har-
gneuse, un désir de dispute et de victoire, et comme
la soif de battre quelqu'un. Ses idées se suivaient
dans un ordre logique, mais elles étaient trop pres-
sées de sortir, et elles montaient les unes sur les
autres comme des moutons à la porte de l'étable.
La discussion qu'il avait soutenue contre son rival
ne l'avait satisfait qu'à demi, et il ne se pardon-
nait pas d'avoir laissé le dernier mot à maître
Pierre. Il voulait une revanche et il enrageait de
ne pouvoir la prendre complète devant un auditoire
dispersé et inattentif. Les seules oreilles sur lesquelles il pût encore compter étaient celles de Marinette et les miennes; nous composions à nous
deux tout le public disponible dans cette assemblée
de dix-huit personnes. Il est vrai que nous avions
l'un et l'autre de quoi couronner un vainqueur.

Marinette pouvait le payer en amour et moi en renommée. Le bonheur et la gloire ! Les paladins du bon temps ne demandaient rien de plus.

« Monsieur maître Pierre! cria-t-il à son rival, j'ai été bien flatté d'apprendre de votre bouche que vous étiez plus riche que moi, et que mes héritiers, dans cinq ou six cents ans, iraient mendier à la porte des vôtres. Mais pourquoi ne vous contentez-vous pas d'enrichir cette dynastie de petits Pierrots? Est-il absolument nécessaire que vous vous fassiez le domestique de tout le monde ?

— C'est mon idée, monsieur Tomery. Si mon tempérament me porte à faire le bien, j'espère qu'on n'y trouvera pas à redire.

— C'est selon. On se plaint de vos bontés, et tout le pays vous accuse de servir les gens malgré eux.

— Et quand je leur ferais un peu de violence pour les arracher à la misère et à la mort !

— C'est un cas prévu par la langue française. Lorsque cette violence s'exerce dans les petites choses, on l'appelle importunité; quand elle s'applique aux grands intérêts d'un peuple, elle prend le nom de tyrannie. Si, à l'heure où je cours à mes plaisirs, un philanthrope de votre école m'arrêtait par le pied pour me cirer mes bottes, je lui allongerais un coup de poing en guise de remercîment. Quand Robespierre s'avisa de retourner sa patrie comme un vieil habit, sous prétexte qu'elle serait plus belle à l'envers, on s'empressa de lui couper la tête, et ce fut toute la récompense qu'il obtint. La France est gouvernée par des lois, et non par le premier amateur qui se sent pris de la fantaisie du bien public. Vous persécutez les conseils municipaux pour qu'ils vendent malgré eux les landes communales!

— Oui-dà! Et je ferais afficher la vente dès aujourd'hui, si j'étais le maître.

— Le maître, c'est-à-dire la loi, a peut-être un moyen d'assainir les communes sans les dépouiller préalablement.

— J'entends, répondit-il en souriant; vous parlez du décret de 1810. C'est une bonne loi, et je ne suis pas assez ingrat pour en dire du mal. Du temps que les dunes marchaient sur la France pour l'enterrer, Napoléon a décidé qu'on y planterait des arbres. Les dunes appartenaient à l'État; il les a plantées, c'était son droit : charbonnier est maître en sa maison. Le décret ajoutait même, article 5, que, s'il se rencontrait quelque dune appartenant à un particulier ou à un village, et si ledit particulier ou ledit village refusait de mettre une bride à sa montagne, l'administration des ponts et chaussées ferait l'affaire d'office et se payerait en coupes de bois jusqu'à remboursement de ses dépenses. Rien de plus juste. L'opération s'est exécutée en quatre temps, suivant la méthode de l'Empire. Maintenant, vous voulez qu'on traite les landes comme des dunes, et qu'on applique l'article 5 de la loi de 1810 à tous nos biens communaux ?

— Et pourquoi pas ?

— Je vais vous le dire, monsieur Tomery. Vous avez vu tout le bien que la vente des communaux a produit dans Bulos. Supposez qu'au lieu de vendre 400 hectares nous ayons livré tout notre communal au gouvernement pour être traité à la mode de 1810. D'abord l'État nous aurait assainis tout doucement, à son aise, attendu qu'il n'est jamais pressé. Est-ce vrai ?

— J'en conviens.

— Ensuite, le drainage, le défrichement, les semis auraient coûté environ deux fois plus cher, attendu que l'État est grand seigneur et qu'il ne liarde pas comme les particuliers.

— D'accord.

— Il est convenu que l'État nous rendra le communal lorsqu'il se sera remboursé de tous ses frais. Mais l'État, qui paye deux fois plus cher que vous ou moi, vend deux fois meilleur marché.

— Passe encore.

— Or, si un particulier qui est pressé de jouir de son argent, qui achète le travail à bon compte, qui vend les produits à bon prix, emploie dix ou douze ans à rattraper l'argent qu'il a semé dans sa lande, on peut prédire que l'État mettra quatre fois plus de temps à rentrer dans ses frais.

— Soit.

— Donc, monsieur Tomery, si, au lieu de vendre un cinquième de nos communaux, ce qui nous a enrichis tout de suite, nous avions soumis le patrimoine de Bulos au décret de 1810, nous aurions été quarante ou cinquante ans sans le moindre communal, et nous aurions dépouillé deux générations, sous prétexte de ne dépouiller personne.

— Mais dans cinquante ans!

— Dans cinquante ans, qu'est-ce que l'État nous aurait rendu? du bois. L'État n'entreprend pas toutes sortes de cultures. Il ne sème pas de blé et il ne récolte pas de salades. Tous les terrains qu'il cultive, il les met en bois. C'est l'administration des ponts et chaussées qui les plante, c'est l'administration des eaux et forêts qui les coupe; les ingénieurs sèment, les forestiers récoltent, mais de semé et de récolté il n'y a jamais que du bois. On trouve pourtant chez nous des terrains où l'on pourrait mettre autre chose. Je sais tel communal qui produirait du blé, et tel autre qui ne rechignerait pas à la luzerne. Faudra-t-il bon gré, mal gré, y mettre du bois? et après les belles espérances que nous avons eues, deviendrons-nous des hommes des bois?

« Dans le courant de l'année 1854, j'ai décidé les conseils municipaux à vendre 4128 hectares de landes communales. La plus grande partie a été semée en pins, comme si l'État avait fait l'affaire; cependant il y a sur le total 162 hectares qui produisent autre chose que du bois. Ils appartiennent à des paysans qui les ont achetés par petites parcelles pour y faire venir du fourrage et du grain. J'assiste à tous les défrichements pour dire à chaque propriétaire : Sème de l'orge; ou : Essaye un peu de trèfle; ou bien : Ta lande n'est pas fameuse, mon garçon; plante du bois!

— On vous le brûlera, votre bois ! interrompit M. Darde, qui avait accroché en passant les derniers mots de maître Pierre.

— Faites excuse, monsieur Darde, répondit-il sans se retourner. On ne me brûlera jamais rien Qui est-ce qui se permettrait de mettre le feu à mon ouvrage?

— Qui? Les bergers, parbleu! dont vous supprimez l'industrie; les nomades sans feu ni lieu, qui ne se font pas scrupule d'allumer cinquante hectares pour se chauffer les mains.

— D'abord, répliqua maître Pierre, dans toutes les plantations que j'ai faites, je vous défie de brûler plus d'un hectare d'un coup. Vous croyez peut-être que le pin, sous prétexte qu'il est résineux, doit flamber comme une allumette? Sachez que l'arbre vivant charbonne et ne s'allume pas. L'incendie rase le sol, à travers les brandes et les bruyères, et lorsqu'il rencontre un fossé il s'arrête court. Or, en creusant un fossé autour de chaque hectare, je trace une limite à tous les incendies à venir. D'ailleurs nos bergers ne sont pas si méchants qu'on le dit : s'ils brûlent un bouquet de bois de temps à autre, c'est par maladresse. On a bientôt fait d'accuser les gens ; il faudrait voir à prouver ce qu'on avance. Je connais mon peuple et j'en réponds; la race landaise est bonne et nullement malfaisante. »

M. Tomery regarda sournoisement maître Pierre et lui dit : « Est-ce donc par maladresse qu'on a brûlé la forêt de Maleyre? »

Maître Pierre et Marinette rougirent en même temps, comme si le sang qui colora leurs joues était venu du même cœur. Ce n'était pas la première fois que le roi des Landes s'entendait accuser d'incendie; sa jeunesse avait si bon dos qu'on lui prêtait aisément tous les crimes. Moi-même j'avais ouï dire deux jours auparavant qu'il avait brûlé une forêt dans le voisinage de Dax.

Il tint quelque temps la tête baissée, mais il se releva fièrement et répondit avec l'orgueil d'une confession sincère :

« Non, monsieur, ce n'est pas la maladresse qui a brûlé la forêt de Maleyre, mais ce n'est pas non plus la malveillance ou la jalousie. Je veux bien vous conter cette histoire-là et endosser la part de blâme qui me revient.

— Pierre! cria le garde champêtre d'une voix étouffée. »

Le maire, qui commençait à dodeliner de la tête, se releva en sursaut et balbutia entre ses dents : « Au nom de la loi! tu dis des bêtises!

— En ce temps-là, poursuivit maître Pierre, la loi était bien malade et nous autres bien ignorants. C'était en 1848, j'avais neuf ans de moins qu'aujourd'hui. Pendant les journées de juin, à la faveur du tapage qui se faisait dans les villes, un particulier de Maleyre, dans les grandes Landes, s'appropria la forêt communale. Je ne sais pas comment l'enchère s'était faite, mais il se rendit acquéreur d'un bois magnifique au prix de cinquante francs l'hectare. Cinquante francs un bois tout venu, quand la lande rase en valait cent! La nouvelle se répandit en trois jours dans les deux départements; c'était juste à l'époque où nous prêchions partout la vente des communaux. On vint me conter la chose ici même; je défrichais une lande avec le père Pavard. Mille pioches! le sang me monta à la figure, si épais que j'en devins bleu. Je sentis que deux ventes à ce prix-là indisposeraient tous les gens de bien, roidiraient tous les conseils municipaux, ruineraient mon projet, et feraient retomber le pays dans la routine. Je voulais prendre la diligence de Paris et dénoncer les voleurs au gouvernement;

mais le gouvernement avait bien autre chose à faire, et moi aussi ; j'avais plus de cinq cents hectares en voie d'assainissement. Je pleurais des larmes comme des noisettes, et je vous réponds que si une vente notariée pouvait se casser d'un coup de pioche, j'aurais eu bientôt fait de rendre la forêt de Maleyre à ses maîtres légitimes. Je me calmai comme je pus, et pourtant je n'avais pas de la sagesse à revendre.

« Je m'en fus à Bordeaux, et je courus donner de la tête comme un hanneton à la porte de la préfecture. Je n'avais vu la ville qu'une ou deux fois, et je ne savais rien des usages. Je dis au portier que je venais de Bulos pour m'expliquer d'une affaire avec le préfet. On me répondit la première fois que le préfet ne recevait pas ; la deuxième qu'il était sorti. Puisqu'il sort et qu'il ne reçoit pas, pensai-je en moi-même, il aura plus court à venir me voir. Je dis au portier de lui dire que je l'attendrais à l'auberge toute la journée du lendemain : vous jugez si j'étais jeune ! Le portier me conseilla d'écrire pour demander une audience ; je répondis qu'avant d'écrire il faudrait apprendre, et que je n'avais pas le temps. Je revins trois ou quatre fois, et le portier me chanta toujours le même air. Ce que voyant, je lui dis : Adieu, je m'en retourne chez nous brûler la forêt de Maleyre, et c'est bien vous qui en serez la cause. Je repassai par ici, et je racontai à tout le monde ce que j'allais faire. Mon tuteur essaya de me retenir, en me disant que les incendies sont formellement défendus par la loi. « Tant pis! dis-je à mon tuteur, il faut que justice se fasse. Et je suis sûr que les magistrats, s'ils savaient comment la vente s'est passée, seraient les premiers à brûler la forêt. » Le père Pavard me fit observer qu'un jour ou l'autre la justice aurait son tour ; que le pays se rasseoirait, que les tribunaux ne refuseraient pas d'arranger l'affaire, et que, dans aucun cas, nous ne devions nous faire justice nous-mêmes. Mais il aurait fallu me mettre les fers aux pieds; c'était la seule raison que je fusse capable d'entendre.

« Je partit sur mes échasses, et tous les gens que je rencontrais en chemin, je leur criais : On a vendu le bois de Maleyre à cinquante francs l'hectare; c'est une volerie; par ainsi, je vais y mettre le feu. Les uns me disaient : Tu fais bien ; les autres : Tu fais mal ; plus d'un m'a donné des allumettes.

« A Maleyre, j'empruntai le tambour de l'appariteur, et je ramassai tout le village sur le champ de foire : vous voyez bien que je ne croyais pas mal faire. Beaucoup savaient déjà ce qui m'amenait. L'acquéreur s'était sauvé du côté de Dax, et le maire se cachait, dit-on, dans un tonneau. Je fis assavoir aux hommes et aux bêtes que la forêt serait un mauvais gîte le lendemain ; et aux troupeaux qu'ils auraient avantage à chercher leur pâture ailleurs. Les pauvres diables de Maleyre n'osèrent me dire ni oui, ni non; ils savaient bien qu'on les avait volés, mais ils craignaient des vengeances. Lorsque je vis que je n'avais à compter sur aucune aide, je leur dis fièrement que je ferais la besogne tout seul. Je passai trois jours à entasser du bois sec, de distance en distance, à tous les carrefours de la forêt, sans que la fatigue ou le dégoût me donnât l'idée de renoncer à ma tâche. Enfin, le dimanche, à l'heure de midi, je m'en allai, tout seul, mettre le feu à la lisière du bois, et je m'y enfonçai résolûment, la torche à la main, allumant tout ce que je rencontrais, et terrible comme un dieu de vengeance, avec mes cheveux roussis. C'est un crime, je le sais bien, mais je l'ai commis par ignorance et par violence, non par intérêt ou par malice. Les juges auraient pu me faire du chagrin, mais ils ont eu pitié de ma jeunesse. D'ailleurs on n'envoie pas aux galères la providence du pays.

« Maintenant, monsieur Tomery, vous savez l'histoire de la forêt de Maleyre. C'est le seul incendie volontaire qui se soit commis de mémoire d'homme dans mes deux départements. »

XIII

LE GALANT A LA NOIX.

Même décor que devant; les chandelles de résine achèvent de se consumer; la pâle lueur d'un matin d'avril se glisse entre les fentes des volets. Le récit de maître Pierre a réveillé tous les convives, à l'exception de M. Bijou aîné.

LE MAIRE, *se frottant les yeux avec dignité.* Mon pauvre préopinant, je n'abuserai pas de mes pouvoirs discrétionnaires pour t'adresser une remontrance. Cependant tu vois où l'utopie conduit les hommes.

L'ADJOINT. Elle les mène plus loin que Bordeaux.

PREMIER CONSEILLER MUNICIPAL (*Finement*). Jusqu'à Rochefort !

LE GENDRE FRANÇOIS, suisse de montagne. *Chisgae la mört !*

DEUXIÈME CONSEILLER MUNICIPAL. J'ai bien dîné.

LE MAIRE. Ce qui est fait est fait, et je ne suis pas un homme assez superflu pour te reprocher le passé, mais il est bientôt temps que tu te ranges.

L'ADJOINT. Il faut songer à faire une fin.

PREMIER CONSEILLER MUNICIPAL. On doit éprouver une certaine lassitude, après quelques années de vagabondage.

MARINETTE, *au conseiller*. Merci pour deux.

DEUXIÈME CONSEILLER MUNICIPAL. Il n'y a pas d'offense, Marinette ; nous sommes tous dans vos intérêts. (*A part.*) Quel dîner !

LE MAIRE, *à maître Pierre*. Si jamais tu vas t'établir hors d'ici, tu sais que nous nous souviendrons de toi avec plaisir.

MAÎTRE PIERRE. Mais pourquoi diable m'en aller !

LE MAIRE. Pour voir du pays ! Pour élargir tes idées ! Les voyages forment.

L'ADJOINT. Et consolent. Il n'y a rien de tel que le baume de diligence contre les peines de cœur.

M. DARDE, *finement*. Mardoche a voyagé. (*Tout le monde rit aux éclats.*)

MAÎTRE PIERRE. Ah ça, j'ai donc un chagrin, moi ? Dites-moi lequel, afin que je pleure !

LE MAIRE. Oh ! rien.... si tu es raisonnable.

L'ADJOINT. On peut trouver une remplaçante.

DEUXIÈME CONSEILLER MUNICIPAL. C'est moins cher qu'un remplaçant. (*A part.*) J'ai trop dîné.

LE GENDRE FRANÇOIS. *Les fâmes, c'est tutes la mème chôsse !* (Sa femme le pince cruellement.)

LE MAIRE. Qu'est-ce que tu dirais d'une belle Picarde de quarante-cinq ans, bien conservée?

MAÎTRE PIERRE. Je penserais qu'elle peut me tenir lieu de mère.

LE MAIRE. Tu ne feras que ce que tu voudras. Personne de nous ne songe à t'éloigner d'ici.

L'ADJOINT. Nous aimerions mieux sacrifier nos intérêts, tant généraux que personnels.

MAÎTRE PIERRE. Qui est-ce qui vous demande des sacrifices? On dirait, ma parole, que je vous coûte bien cher!

LE MAIRE. J'avoue que jusqu'à présent tu nous as fait peut-être plus de bien que de mal.

MAÎTRE PIERRE. Parbleu! Vous n'avez rien qui ne vienne de moi.

LE MAIRE. Peuh!

LE CHŒUR. Peuh!

LE MAIRE. Mais le cas pourrait échoir où tu nous coûteras plus que tu ne nous as donné. Si tu ne te corriges pas de la manie de drainer les landes et de faire chez les étrangers ce que tu as fait chez nous, tu amèneras inévitablement toutes les eaux du pays dans l'étang de la Canau; nous serons inondés, et alors adieu Bulos!

L'ADJOINT. Je me ramifie à l'opinion de M. le maire. Si tu ne te tiens pas tranquille, c'est fait de nous. Quand les autres marcheront à pied sec, nous aurons de l'eau par-dessus la tête.

PREMIER CONSEILLER MUNICIPAL. Il est bien malheureux que tu t'obstines à enrichir tout le monde à nos dépens.

DEUXIÈME CONSEILLER MUNICIPAL. Tu fais comme les petits garçons qui volent leur père pour donner aux pauvres. (*A part.*) Le dinde est lourd.

LE GENDRE SERRURIER. Vous auriez aussi bien fait de nous laisser comme nous étions.

MAÎTRE PIERRE. D'abord vous n'y étiez pas, vous ! Vous étiez à Libourne, et vous gagniez trente sous par jour à poser des serrures.

LE MAIRE, *avec autorité*. Trouves-tu donc mauvais qu'en épousant ma fille il ait épousé les intérêts du pays ?

MAÎTRE PIERRE. Je trouve mauvais.... je trouve mauvais.... je vous trouve mauvais tous tant que vous êtes, paysans, race ingrate et jalouse, qui craignez comme un accident le bonheur d'autrui ! Vous vous portez bien, grâce à moi; vous mangez du pain que j'ai semé; vous êtes riches, parce que je l'ai voulu. Et, au lieu de jouir tranquillement du bien que je vous ai fait, vous regardez à droite et à gauche pour voir si je ne perds pas mon temps à faire la fortune des autres. On dirait que j'ai été créé et mis au monde pour vous seuls, et que je vous vole tous mes instants dont vous ne profitez pas ! Il aurait fallu, pour bien faire, que le jour où votre dernière maison a été bâtie, une tuile du toit fût tombée sur ma tête !

LE MAIRE, *héroïquement*. J'aimerais mieux mourir perpendiculairement d'une tuile sur la tête que de lire sur ma tombe : « Ci-gît l'homme qui a noyé son pays ! »

MAÎTRE PIERRE. Et qui vous prouve que je noierai personne ? Vous prévoyez les malheurs de trop loin.

LE MAIRE. La prévoyance est le plus bel orifice d'un magistrat.

M. DARDE. Très-joli ! très-joli ! je le rapporterai à Bordeaux.

M. TOMERY, *à maître Pierre*. Pardon, monsieur maître Pierre; mais si ces messieurs ne se trompent pas et si la besogne philanthropique que vous avez entreprise doit les noyer tous jusqu'au dernier, je comprends que, malgré le souvenir de vos bienfaits, ils vous redoutent comme le futur fléau de leur pays. Est-il vrai, comme je l'ai déjà entendu dire, que le drainage de nos landes amènera toutes les eaux du pays dans les étangs du littoral ?

MAÎTRE PIERRE. Il faut bien que j'envoie l'eau quelque part ! Voulez-vous que je l'emporte dans des tonneaux ?

M. TOMERY. Mais c'est un aveu cela !

LE MAIRE. J'en prends acte, monsieur Tomery ! j'en prends acte !

M. TOMERY, *à maître Pierre*. Mais n'exagère-t-on pas les choses en disant que le volume des étangs sera peut-être doublé ?

MAÎTRE PIERRE. Ma foi, monsieur, je ne sais pas ce qu'ils jaugent, nos étangs. Le fait est que les pluies du printemps et de l'automne les enfleront pour sûr.

LE MAIRE. Et comme les environs sont tout pays plat, pour un mètre de hauteur en plus, nous aurons une lieue de terre en moins : voilà la chose. Il n'en faut pas tant pour nous ruiner tous.

L'ADJOINT. Sans acception !

MAÎTRE PIERRE. Là ! Personne n'a plus rien à dire ? Eh bien, je vous avertis, moi, que vous ne serez ni noyés, ni inondés, ni ruinés; qu'au lieu d'élever le niveau des étangs, je l'abaisserai d'un mètre ; qu'au lieu de perdre une lieue de mauvais terrain, vous gagnerez vingt mille hectares d'excellents prés, et que tous les hommes de bonne volonté qui me donneront un coup de main dans cette affaire deviendront riches en dix-huit mois. Mais comme il est importun et tyrannique de faire le bonheur des gens malgré eux, j'attends les ordres de M. le maire et du conseil municipal. Ordonnez, parlez, faites un signe. Je monterai sur mes échasses et j'irai en Picardie épouser une femme de quarante-cinq ans !

LE MAIRE, *à maître Pierre.* Qui est-ce qui parle de te renvoyer d'ici ? Tu es chez toi ; ma maison est la tienne.

L'ADJOINT. Grand nigaud ! Est-ce que tu n'es pas l'enfant de Bulos ?

PREMIER CONSEILLER MUNICIPAL. La commune t'a adopté.

DEUXIÈME CONSEILLER MUNICIPAL. Nous sommes tous tes vieux amis. (*Il se lève.*)

LE CHŒUR. Tous! tous!

LE MAIRE, *avec une solennité paternelle*. Après ce que nous avons fait pour toi et ce que tu as fait pour nous, nos intérêts sont comme qui dirait solidaires, et nous ne pouvons plus les séparer sans ingratitude réciproque.

L'ADJOINT. Nous ne serions pas assez bêtes pour laisser partir la providence du pays.

MAÎTRE PIERRE, *avec bonhomie*. Ma foi! vous me faites plaisir. J'ai cru un instant que j'étais de trop.

L'ADJOINT. Ce n'est pas toi qui seras jamais de trop.

PREMIER CONSEILLER MUNICIPAL. Il y en a peut-être d'autres; mais ce n'est pas toi.

DEUXIÈME CONSEILLER MUNICIPAL. Je ne nomme personne; mais nous ne te sacrifierons jamais à un étranger. (*Il mange un morceau de sucre.*)

LE GENDRE FRANÇOIS, *finement*. Et *ceusse* qui ne sont pas *gontants*, tant pis pour *eusse!*

MAÎTRE PIERRE. Ah çà, qui est-ce qui me conseillait donc de voyager?

LE MAIRE, *souriant*. Ce serait donc la première fois que tu n'entendrais pas la plaisanterie? Toi, un des derniers représentants de l'esprit gaulois!

L'ADJOINT. Où plaisanterait-on, si ce n'est à table ?

LE MAIRE. La gravité municipale elle-même se déride quelquefois.

LE GENDRE FRANÇOIS. Moi, quand j'ai *pu*, je *tis toucheurs tes pétises* (*il rit aux éclats, et allonge une tape dans le dos de sa femme*).

MAÎTRE PIERRE. C'est égal : je voudrais bien savoir pourquoi vous me mariez à une Picarde de quarante-cinq ans ?

LE MAIRE. Enfant ! parce qu'il est temps que tu songes au mariage. Tu épouseras celle qui te plaira. Personne ne veut te contraindre. Et, d'ailleurs, la loi s'y oppose formellement. Elle sera bien heureuse, celle que tu honoreras du nom de madame Pierre ! Et si ma cadette n'était pas mariée....

MAÎTRE PIERRE ET LE GENDRE FRANÇOIS, *ensemble.* Merci !

LE MAIRE. Ma parole est allée au delà de ma pensée. Parle-lui donc, Marinette, à ce grand étourdi-là !

MARINETTE. Je n'ai rien à lui dire, monsieur le maire.

LE MAIRE. Comment ! il t'a élevée, il t'a sauvé la vie, tu lui dois tout ; ses sentiments sont bien connus ; c'est le meilleur cœur du pays et le plus joli garçon ; il n'y a pas un jeune homme de la ville qui puisse lui tenir tête ; il raisonne comme un livre ; il s'exprime.... comme moi, et tu n'as rien à lui dire !

MAÎTRE PIERRE. Laissez! laissez! Quand nous courons ensemble dans les landes et que le vent souffle de la mer, le vent emporte quelquefois nos paroles. C'est pourquoi nous avons pris l'habitude de nous entendre sans parler.

M. BIJOU AÎNÉ, *ronflant sur la table.* Rrrrr!

LE GENDRE SERRURIER, *à M. Darde fils.* Voilà pourtant les messieurs de la ville!

DEUXIÈME CONSEILLER MUNICIPAL, *à maître Pierre.* Garçon! verse-moi un verre d'eau vinaigrée. (*Il boit en faisant la grimace.*) C'est bon! Ça ne grise pas! C'est la boisson des vrais Landais! (*il sort.*)

LE MAIRE. Ou, pour parler élégamment, le breuvage national! (*A maître Pierre.*) Mais comment vas-tu t'y prendre pour reconquérir les terrains que l'eau des étangs a envahis?

L'ADJOINT. Et pour faire la fortune de plusieurs personnes?

LE MAIRE. C'est une grande idée, à coup sûr, et rehaussée d'un élément généreux, comme toutes celles du même auteur; mais peut-être y a-t-il de l'indiscrétion à l'interroger.

L'ADJOINT. Bah! Il n'a jamais eu de secret pour nous.

JEAN XVII, *à maître Pierre.* Attention! Ils vont te tirer les vers du nez.

LE MAIRE. Sachez, vieillard incongru, que le vrai génie est comme le soleil. Il n'attend pas qu'on lui demande la lumière.

MAÎTRE PIERRE. Au fond, qu'est-ce que ça me fait! Dans cette idée-là, il y a à manger pour tout le monde. Tendez vos assiettes!

PREMIER CONSEILLER MUNICIPAL. Vive maître Pierre!

M. BIJOU AÎNÉ. Rrrrr!

M. TOMERY, *bas à Marinette*. Est-ce qu'il va recommencer sa classe?

MARINETTE. Oui, monsieur.

M. TOMERY. C'est un fier original.

MARINETTE. Oui, monsieur.

M. TOMERY. Mais il a du bon.

MARINETTE. Oui, monsieur.

M. TOMERY, *riant*. Vous êtes adorable.

MARINETTE. Oui, monsieur.

LE MAIRE. Avec votre permission, monsieur Tomery, je vous rappellerai à l'ordre.

M. TOMERY. Oui, monsieur.

MAÎTRE PIERRE. On m'a reproché tantôt que l'assainissement des landes doublerait le volume de nos étangs et les ferait déborder sur les communes du littoral. Qui est-ce qui a dit ça?

LE MAIRE. L'a-t-on dit? A coup sûr, ce n'est pas moi.

L'ADJOINT. Ni moi! Je connais trop....

TOUS. Ni moi! ni moi!

MAÎTRE PIERRE. Allons! ça n'est personne. Mais celui qui me l'a dit avait raison. Il est certain que le jour où ma besogne sera finie, tous les villages placés comme Bulos seront perdus. Mais....

L'ADJOINT. Il a réponse à tout.

LE MAIRE. Je ne dis rien, mais vous allez voir!

MAÎTRE PIERRE. Mais j'ai pensé à creuser un canal qui déverserait le trop-plein des étangs dans le bassin d'Arcachon. Nous avons assez de pente.

LE MAIRE. Adopté! J'en fais mon affaire! J'exécuterai le canal et il portera mon nom.... Mais pardon! Qu'est-ce que j'y gagne?

MAÎTRE PIERRE. Si je me contentais de retirer des étangs l'eau que j'y aurai mise, mon canal serait déjà un travail d'utilité publique, puisqu'il sauverait nos villages et me permettrait de dessécher les uns sans inonder les autres.

LE MAIRE. Certainement, mais nous aurions plus court à rester comme nous sommes et à laisser les autres comme ils sont.

MAÎTRE PIERRE. Mais si, au lieu de conserver le niveau des étangs, je l'abaisse d'un mètre ou deux! L'eau se retire, pas vrai? Nous gagnons autour de chaque étang une belle bande de terre.

LE MAIRE. Diable! ça vaut la peine.

MAÎTRE PIERRE. Ça n'est rien. La grosse affaire, c'est que tous les marais du voisinage se trouvent desséchés du coup.

LE MAIRE. Mais c'est énorme! J'ai trois cents hectares entre Hourtins et la Canau, qui ne m'ont jamais rapporté que du poisson.

l'adjoint. Moi, j'ai une pêcherie de six cents journaux du côté du Porge. On pourrait en faire quelque chose?

maître pierre. On en ferait quelque chose comme six cents journaux de pâturages. Un joli mouchoir à bœufs!

l'adjoint. Grand homme!

maître pierre. Je sais bien. Notez qu'il y a des marais à l'infini autour de nos étangs. Entre les étangs d'Hourtins et de la Canau, j'ai mesuré dans l'eau une plaine de sept kilomètres qui reste inondée six mois par an. Desséchés, les sept kilomètres! Les marais de Bulos, de Batéjin, de Batourtot, de Langrane, de Hourbieil, de Langouarde, desséchés! Les marais de Lillet nous ont donné l'exemple en se vidant tout seuls par le chenal de Lège dans le bassin d'Arcachon.

le maire. Mais c'est une Californie!... s'il ne faut pas trop d'argent pour creuser ce canal-là.

maître pierre. Ça dépend. J'en aurai pour cent cinquante mille francs si je n'abaisse qu'un peu le niveau des étangs. La dépense pourra se monter au double, si je fais l'ouvrage à fond.

le maire. Ne te gêne pas, mon garçon : abaisse, abaisse. Je te donne tous les pouvoirs nécessaires.

LE GALANT A LA NOIX.

tous. Nous aussi! nous aussi!

maître pierre. Voulez-vous faire l'opération de compte à demi avec moi?

le maire, *refroidi*. A quoi bon? Tu es le plus capable. Notre temps est pris, à nous autres. Nous sommes des paysans. D'ailleurs il faudrait avoir des capitaux disponibles. Je t'ai promis d'être le parrain de ton canal; je ne m'en dédis pas. Mais c'est toi qui seras son père.

maître pierre. Vous êtes tous du même avis?

le chœur. Oui! oui!

maître pierre. Eh bien, c'est convenu, et je vous remercie de votre générosité.

le maire. Comment l'entends-tu?

maître pierre. C'est la première fois qu'on aura vu des paysans préférer la dépense à la recette, et abandonner leur argent au lieu de prendre celui des autres. La loi sur les desséchements est formelle. J'améliore vos marais; ils ne valent pas trente francs l'hectare au jour d'aujourd'hui : ils en vaudront trois cents dans dix-huit mois, et la loi m'accorde moitié de la plus value.

le maire. Répète un peu cette loi-là!

maître pierre. Si j'obtiens la permission de creuser mon canal, je commencerai par faire estimer vos trois cents hectares : ci neuf mille francs. Nous recommencerons l'estimation après desséchement : ci quatre-vingt-dix mille francs, au bas prix. C'est quarante-mille cinq cents francs que vous me redevrez !

LE MAIRE. Mais, malheureux ! tu vas gagner des millions !

MAÎTRE PIERRE. Pourquoi avez-vous refusé de les gagner avec moi ?

LE MAIRE. Mais j'aime encore mieux partager avec toi l'argent des autres que te donner la moitié du mien. J'en suis, de ton canal !

M. DARDE. Un instant, messieurs. Je suis trop juste pour nier l'utilité du projet de M. Pierre. Le canal en question enrichira non-seulement son inventeur, mais toute la population riveraine. Il assainira définitivement le pays que vous habitez ; il chassera la pellagre, la fièvre et toutes les maladies du monde, excepté la vieillesse. Mais vous oubliez un point dans la ferveur de votre enthousiasme. Si l'on supprime les marais, que deviendront nos pêcheurs ? Il y en a quelques centaines aux environs de Bulos. Un trou creusé dans le marais est tout leur patrimoine ; le poisson qui vient s'y prendre est tout leur revenu. Monsieur Pierre n'est pas homme à dépouiller les pauvres pour enrichir les riches.

MAÎTRE PIERRE. Jusqu'ici, monsieur Darde, je n'ai dépouillé personne, et je suis trop vieux pour changer mes manières. Les propriétaires des pêcheries sont presque tous dans le cas de monsieur l'adjoint ici présent. Il vous a dit qu'il avait une pêcherie de six cents journaux du côté de Porge. J'en ai une assez grande aussi dans le voisinage de la Canau. Nous y récoltons du poisson, faute de mieux; mais quand nous y trouverons des chevaux, des moutons et des vaches, je ne vois qu'un jour de la semaine, à savoir le vendredi, où nous pourrons regretter notre poisson.

LE GENDRE FRANÇOIS. *Très-choli!*

M. TONERY. Monsieur Pierre, je crains bien que notre première conversation ne vous ait laissé quelques préjugés contre moi. Je vous aurai fait l'effet d'un oisif incurable et d'un incorrigible mondain. Je ne veux pas vous laisser sous une impression aussi fâcheuse, et, quel que puisse être le résultat de cette entrevue, il ne faut pas que vous me jugiez sur deux ou trois paradoxes en l'air.

JEAN XVII, *entre ses dents*. Toi, tu mords aux millions. On ne dira pas que tu as la faim pour excuse!

M. TONERY. Si je me suis permis quelques plaisanteries contre les hommes de travail et de dévouement, croyez, monsieur Pierre, que l'esprit seul en a fait les frais et que le cœur n'y était pour rien. Mon père a travaillé honorablement; j'ai travaillé moi-même dans ses bureaux quand j'étais plus jeune. Si je méprisais le travail, je ne serais pas ici. Peut-être ai-je vécu un peu exclusivement pour moi depuis quelques années, mais je n'ai pas perdu le sens moral au point de rester indifférent à l'exemple d'un homme qui se dévoue au bonheur de ses semblables.

JEAN XVII. Ouf!

M. TOMERY. J'ai pu blâmer quelquefois la spéculation, mais seulement la spéculation égoïste qui est étrangère et quelquefois hostile à l'intérêt de tous. Quant aux affaires honorables, utiles, populaires, que l'équité conseille, que la loi approuve, que le public applaudit, je suis homme à les embrasser hardiment, qu'elles soient ou non lucratives.

LE MAIRE. Permettez, monsieur Tomery.

L'ADJOINT. Il me semble que ce n'était pas pour ça que vous étiez venu ici, vous!

PREMIER CONSEILLER MUNICIPAL. Chacun son lot!

DEUXIÈME CONSEILLER MUNICIPAL (*rentrant*). Nous n'avons besoin de personne.

M. TOMERY, *à maître Pierre*. Votre projet est grand, je le voudrais gigantesque. Vous comptez la dépense par cent mille francs; j'ai des millions à vos ordres. Vous me parlez d'une rigole d'écoulement, d'un modeste égout destiné à assainir les landes; je rêve un grand canal de navigation qui transportera les produits de la terre depuis la Gironde jusqu'au bassin d'Arcachon!

LE MAIRE. Des bêtises!

MAÎTRE PIERRE. Il ne transportera pas grand'chose, monsieur Tomery, attendu que nos récoltes sont encore un peu dans l'avenir. Il n'abrégera pas les chemins, s'il va de la Gironde au bassin d'Arcachon, car il ne servira qu'à promener les navires à une distance toujours égale de Bordeaux. Enfin, il ne desséchera rien du tout, car les canaux de navigation sont toujours élevés au-dessus du sol, et l'eau de notre drainage ne saurait pas monter si haut.

LE MAIRE. Enfin, monsieur Tomery, permettez-moi de vous rappeler que nous sommes paysans, et que nos affaires sont nos affaires. Je ne dis pas, si nous manquions de capitaux!

M. TOMERY. Tiens, vous avez des capitaux disponibles!

L'ADJOINT. Vous croyez donc qu'il n'y a d'argent qu'à Bordeaux!

PREMIER CONSEILLER MUNICIPAL. On vous en prêtera, de l'argent!

DEUXIÈME CONSEILLER MUNICIPAL (*rentrant.*) On vous en donnera!

LE GENDRE FRANÇOIS. On vous en....

MARINETTE. *Elle se lève et découvre le plat du milieu.* Messieurs, il est peut-être bien tard pour vous offrir des noix.

LE MAIRE, *bas à Marinette.* Tu en as donc trouvé, sournoise! (*Haut.*) Il n'est jamais trop tard.

L'ADJOINT. Mieux vaut tard que jamais.

MARINETTE, *bas au maire.* Regardez! il ne me remercie même pas.

LE MAIRE, *de même*. Il faut te faire une raison. L'amour ne se commande point.

LE CHŒUR. Des noix! Par ici! Des noix! (*Les noix volent de tous côtés sur la table; le nez de M. Bijou est atteint grièvement.*)

M. BIJOU AÎNÉ *s'éveillant*. Cent louis pour Tomery!

M. DARDE. Toujours en veine, celui-là!

XIV

CHAGRINS D'AMOUR.

Je dormis le lendemain jusqu'à trois heures. Le maire de Bulos entra sur la pointe des pieds, comme une garde-malade, dans la chambre qu'il m'avait donnée. « Je ne vous réveille pas ? dit-il en s'asseyant à la tête du lit. C'est qu'il est trois heures de relevée, nous sommes tous sur pied depuis midi ; on a mangé la soupe à l'oignon sans vous, et... j'avais peur.

— De quoi ?

— Vous n'avez encore rien écrit ?

— Ma foi, non ; je ne suis pas somnambule, pour écrire les yeux fermés. Votre souper a duré trop longtemps ; je n'ai pas l'habitude de passer les nuits, et j'avais grand besoin de repos.

— Comment ! vous êtes Parisien et vous craignez les nuits blanches ! Que faites-vous donc à Paris ?

— Je fais comme vous : je me lève le matin et je me couche le soir.

— Allons! allons! vous vous gaussez de moi, mais on ne m'en fait pas accroire. Je sais que les hommes de plume écrivent de minuit à six heures du matin sur une table de café ou sur les genoux d'une danseuse, en buvant des petits verres de liqueur. Mais vous me dites que vous avez reposé; la politesse m'ordonne de vous croire. Quand vous raconterez l'histoire de ce souper, je vous fournirai des notes. Ne vous pressez pas; il faut se garder de la première impression, comme disait un conseiller général. Si vous preniez au sérieux tout ce que maître Pierre nous a conté, vous pourriez prêter à rire aux personnes compétentes. On a bientôt fait de se couvrir de ridicule, et le sage doit tourner sept fois sa plume dans sa bouche.

« Car enfin, ce projet de canal que maître Pierre a fait sonner si haut n'est pas, à proprement parler, une merveille. L'idée première est bonne; j'aurais mauvaise grâce à dire le contraire, attendu qu'elle est de moi. Je l'ai émise autrefois dans la conversation, sans y attacher beaucoup d'importance. Il l'a recueillie comme les enfants ramassent des clous sur la route, et il l'a accommodée à sa façon pour nous la servir au dessert. Vous avez vu que tout le monde en a paru étonné, excepté moi. J'ai même porté la main à mon chapeau, comme pour saluer une vieille connaissance. Si j'ai offert de donner mon nom à ce nouveau canal, c'est que j'avais mes raisons. L'homme doit signer ses œuvres, comme dit un haut fonctionnaire de l'antiquité. Mais nous n'en sommes pas encore là. Il y a des difficultés à lever, des obstacles à aplanir, des complications administratives et autres à dénouer. J'ai déjà causé ce matin avec maître Pierre, et je lui ai suggéré des idées nouvelles. Au moment où je vous parle, il trotte dans le marais et moi je suis assis : ne convient-il pas que les membres s'agitent et que la tête reste en place ? C'est une idée à développer, et si j'avais le temps d'être auteur j'en ferais quelque chose. Croyez-moi, monsieur le Parisien, vous aurez tout profit à travailler sous mon inspiration. Un autre vous dirait peut-être des choses vraies ; celles que je vous conterai seront en outre officielles. Et puis, soit dit entre nous, je connais les auteurs, au moins de réputation. On est un peu panier percé, pas vrai ? comme les artistes ! On a quelques petites dettes à son café ? Ah ! la jeunesse ! Eh bien, je vous conterai mes affaires, vous me conterez les vôtres, et n'ayez pas peur : nous nous arrangerons toujours. Il y a bien de l'argent à gagner avec mon canal ; chacun de nous aura sa part.

— Même maître Pierre ?

— Oh ! maître Pierre ne tient pas à l'argent. Il en parle beaucoup, il le manie quelquefois, il ne le garde pas. C'est un original, je vous l'ai déjà dit.

— Je l'ai bien vu. Comment va Marinette ce matin ?

— Petitement ; elle a les yeux rouges. Est-ce d'avoir pleuré ou d'avoir veillé ? Personne ne peut le dire. Je ne sais pas ce qu'elle fait de ses chagrins, car elle ne les partage avec personne. Je crois qu'elle s'en nourrit. Ces messieurs sont partis au sortir de table, pendant qu'on vous menait coucher. Ils ont regagné Bordeaux sans traverser le village ; les gamins auraient couru après la voiture en criant : A la noix ! Vous croyez peut-être qu'après ça maître Pierre s'est jeté dans les bras de Marinette ? Ah ! bien oui ! comme les chats se jettent à l'eau ! Il l'a honorée d'un bonsoir tout sec, et il est allé s'étendre, comme un lâche, sur la bruyère. Monsieur, je ne suis pas meilleur qu'un autre ; mais si j'avais l'honneur d'être employé dans les bureaux du journalisme, j'écrirais un feuilleton pour flétrir cette conduite-là. Si Pierre est un honnête homme, il doit épouser Marinette. Voici dix ans qu'il la compromet et qu'il l'empêche de se marier avec d'autres. D'ailleurs, je vous le demande, ne vaut-il pas cent fois mieux qu'il s'établisse à demeure, avec sa femme et ses enfants, dans ma commune, où il est né, où il a travaillé, où il a tant à faire, au centre de l'administration de mon nouveau canal ? Je lui destine une position conforme à ses goûts et à son éducation première : quelque chose de subalterne et d'honorable, un emploi actif et même, jusqu'à un certain point, lucratif. Et, si l'ambition lui vient en vieillissant, j'ai de quoi le satisfaire. Je lui garde le titre de premier ouvrier de Bulos, comme La Tour d'Auvergne était le premier grenadier de France ! »

Au milieu de ces propos, je fis ma toilette comme je pus, avec une serviette grande comme un mouchoir et un demi-litre d'eau dans une aiguière de faïence. Habillé, j'entrai dans la cuisine où un déjeuner frugal m'attendait. Marinette m'y attendait aussi, mais je passai d'abord auprès d'elle sans la reconnaître. Accroupie sur un tabouret, à l'ombre de la haute cheminée, elle avait plongé sa tête dans ses petites mains brunes. Ses pieds saupoudrés de cendre écrasaient machinalement les braises éteintes, sous le talon de leurs sabots. Ses cheveux n'étaient point épars, et l'invariable foulard jaune retenait ses bandeaux à leur place ; son habit était en ordre comme l'uniforme d'un soldat bien noté ; il n'y manquait pas une épingle. Ses yeux étaient sans regard, mais sans larmes. Aucun sanglot ne soulevait les petits rochers de sa poitrine. Pas un cri, pas un mot, pas un soupir. Ce n'était pas la douleur abandonnée d'une femme qui ne se possède plus et qui jette au dehors un flot tumultueux de sentiments et de pensées ; c'était le désespoir contenu et précis d'un petit être intelligent, logique et décidé, qui veut une seule chose au monde, et qui a résolu de l'avoir ou de mourir.

Elle se leva sans affectation, me tendit la main comme une bonne petite fille, et me servit mon repas. Le maire se promenait de long en large dans la cuisine. Tantôt il insistait pour me faire manger deux fois du même plat ; tantôt il sanglait quelque consolation maladroite dans la figure de Marinette. Il me disait que l'armoire était pleine pour huit jours, et que je serais forcé de rester à Bulos jusqu'à la consommation des viandes : « Car enfin, ajoutait-il, vous n'avez pas la prétention de nous faire manger vos restes ! » Il disait à la jeune fille : « Ne te mets pas en peine ; les femmes ne meurent pas de chagrin ; c'est bon pour les hommes. Vous pleurez, vous autres ; il n'y a qu'un robinet à tourner, et toutes vos tribulations s'écoulent en eau. »

Marinette ne songeait pas plus à pleurer qu'à répondre. Elle profita d'un instant où le maire avait le dos tourné pour se pencher à mon oreille et me dire : « Demandez à voir les chalets ; il faut que je vous parle. » Je ne saisis pas à première vue le rapport qui pouvait exister entre ses chagrins et les chalets de Bulos. Si elle voulait se ménager un tête-à-tête avec moi, l'échappatoire me semblait mal choisie, car le maire ne céderait à personne le plaisir de me vanter son ouvrage. Cependant je risquai l'aventure, et je demandai si l'on ne profiterait pas du beau temps pour me montrer le village neuf. Le maire se mit à mes ordres, comme je l'avais prévu, et Marinette se joignit à nous.

Le nouveau Bulos commence à vingt pas de la maison du maire. L'église et la mairie, construites en pierre, s'élèvent au milieu de l'ancien village, qui est resté passablement laid ; mais je n'ai jamais rien vu de plus propre et de plus élégant que la grande avenue où les charpentiers ont aligné deux rangs de constructions économiques. On y compte une centaine de maisons, petites et grandes, dont la plus chère n'a pas coûté plus de dix mille francs. Elles reposent sur des cubes de pierre, et le plus souvent sur des pilotis qui élèvent le plancher à quelques centimètres au-dessus du sol. Les murailles de bois qui les protègent contre le froid et le chaud n'ont pas plus d'un décimètre d'épaisseur, et cependant il est facile d'y entretenir à peu de frais une température égale. Ces édifices ont l'avantage de se construire en toute saison et d'être habitables aussitôt que construits : il n'y a point de plâtres à sécher ni de rhumatismes à prendre. Le maire nous fit entrer dans deux ou trois maisons et dans une demi-douzaine d'étables. Bêtes et gens étaient satisfaits de leur habitation ; du moins, les gens me le dirent. Le seul défaut visible de tous ces logements est une sonorité excessive ; mais les paysans s'en inquiètent assez peu. Ils se couchent tous à la même heure, ne se plaignent pas d'être éveillés au chant du coq et passent la journée dans les champs. Un autre inconvénient, moins sensible au premier coup d'œil, mais plus sérieux et plus terrible, c'est qu'une allumette mal placée peut effacer Bulos de la carte de France. Le maire accueillit en se rengorgeant cette objection que je croyais sans réplique.

« Je vous attendais là, me dit-il. Sachez que j'ai trouvé le secret de rendre le bois incombustible. »

Marinette me dit à l'oreille : Il l'a trouvé... à Paris !

« Oui, monsieur, poursuivit le maire d'un ton de charlatan, il existe une eau miraculeuse qui met le bois, l'étoffe et même le tulle à l'abri des flammes dévorantes. Grâce à cette préparation, dont j'ai donné le secret à mes habitants de Bulos, une planche peut séjourner un quart d'heure au milieu du feu le plus ardent sans être seulement entamée. On peut brûler une montagne de copeaux dans la chambre où nous sommes, une meule de foin sous le hangar d'à côté, une botte de paille dans l'écurie d'en face, sans endommager ni la chambre, ni le hangar, ni l'écurie. Bulos ne sera jamais incendié, grace à la liqueur que je lui ai donnée et qui porte mon nom.

— Vous savez donc la chimie? » lui dis-je pour l'embarrasser. Il répondit avec un certain bon sens: « Je n'ai pas besoin de l'apprendre, si j'ai des gens qui la savent pour moi. »

Je l'avoue à ma honte, les chalets incombustibles me souciaient moins pour le moment que le chagrin de Marinette, et je me dépitais de ne pouvoir écouter à loisir, dans une maison de pierre ou de bois, sa petite confidence. Elle avait compté que le maire nous abandonnerait un instant à nous-mêmes pour deviser avec ses administrés sur les événements de la veille. Mais l'homme important croyait ajouter à son prestige en s'enfermant dans le silence. On le tiraillait deçà, delà, à droite et à gauche, qui par la manche, qui par le pan de son habit; mais les plus persévérants n'obtenaient de lui qu'une demi-confidence, un mot en l'air, une indiscrétion monosyllabique. A la fin cependant, lorsqu'il se fut assez amplement fait valoir à mes yeux, la démangeaison de mentir le livra sans défense aux curieux du village. Il nous laissa sur le seuil d'une maison neuve dont il avait la clef dans sa poche; il ouvrit la porte, pria Marinette de me faire les honneurs, et demeura emprisonné dans un cercle de notables. J'ai su depuis qu'il leur avait conté que j'étais un rédacteur du *Siècle* envoyé par le gouvernement pour lui demander quelques avis.

Marinette ne fut pas plutôt seule avec moi qu'elle se jeta dans mes bras sans façon.

« Ah ! monsieur, dit-elle, il faut que vous me sauviez. J'en mourrai, pour sûr, et de ma main. Ça n'étonnerait personne, allez ! on sait que nous ne craignons pas la mort dans la famille. Expliquez-moi cet homme-là ! Vous avez plus d'esprit que nous autres, puisque vous demeurez à Paris. Que veut-il? A quoi songe-t-il? Est-ce qu'il m'aime ? Pourquoi ne me le dit-il pas ? Si vous saviez combien il est bon! Il m'a tenu lieu de tout quand j'étais petite. Croyez-vous qu'il m'aurait soignée si bien pour me donner à un autre? Dans le temps, c'était lui qui me mangeait de caresses. Je le laissais faire, moi; ça me semblait bien bon. Voilà trois ans qu'il ne me permet plus de dormir sur son bras. Un matin, que nous couchions sur le foin, dans une grange, il m'a réveillée en m'embrassant; moi, je lui ai rendu ses caresses, comme c'était bien juste; il est devenu tout rouge, et il m'a battue. Maintenant, quand je vais pour l'embrasser sur la bouche, il se détourne malhonnêtement, et j'attrape sa joue qui me pique. Si je veux lui baiser la main, il me rudoie en me disant que ça ne se fait pas. Dans les premiers temps, j'ai été si confuse de ses bourrades que j'ai craint d'avoir quelque défaut caché. Mais je sais que je suis aussi bien que pas une. Quand je m'habille avec d'autres filles et qu'elles me montrent comme elles sont, je n'ai pas besoin de lunettes pour voir que je suis plus belle. Mon haleine sent les fraises, jugez plutôt ! M. Tomery n'est pas le seul qui ait voulu m'épouser ; il y en a bien d'autres. Je les ai renvoyés tous, parce que j'aurais été malheureuse et que je n'aurais pas pu vivre avec eux. Eh bien, il n'a pas l'air de me savoir gré des sacrifices que je lui ai faits. Que craint-il ? Que je l'empêche de travailler ? mais il ne travaille que depuis que nous sommes ensemble. Il n'aurait été qu'un fainéant sans moi, et peut-être un mauvais sujet. Je suis encore bonne pour l'aider dans tout ce qu'il voudra entreprendre, et si nous avons des enfants, ils feront comme nous ! Est-ce parce qu'il est un grand homme et moi une petite paysanne ? Oh ! ce n'est pas par ambition, croyez-le bien, ni par l'orgueil de m'entendre appeler Mme Pierre. Mon ambition, c'est qu'il m'aime, qu'il me le dise, qu'il me permette de l'aimer à mon aise et de l'embrasser tout mon soûl. Il n'a pas besoin de m'épouser pour ça, quoique le mariage soit toujours une chose plus honnête. Mais ça m'ennuie, à la fin, d'être montrée au doigt comme une fille qui court à la suite d'un homme ; de passer pour Dieu sait quoi, quand je souffre mort et martyre, de chercher toujours cette paire de grands méchants beaux yeux qui se sauvent de mon regard ; de donner la chasse à cette vilaine main noire qui ne veut pas se laisser embrasser ; enfin de n'être ni fille, ni femme, ni mère, ni rien de ce qui a un nom en ce monde, mais une pauvre petite curiosité comme on en montre à la foire!

— Belle jeunesse! cria le maire, l'heure de la retraite a sonné ; et monsieur notre ami se dérobe depuis assez longtemps à la sympathique admiration de ma foule.

Marinette n'eut que le temps de s'essuyer les yeux, car elle pleurait cette fois. Ses secrets et ses pleurs longtemps contenus s'échappaient en même temps, et ses paroles rapides coulaient avec un torrent de larmes ; le revers gauche de ma redingote fut trempé de cette confidence. Le maire ne s'aperçut de rien : le madré paysan n'avait d'yeux que pour ses intérêts d'argent ou de gloire ; les peines et les plaisirs d'autrui ne le souciaient nullement. Il revint à nous avec ce sourire olympien qui semblait avoir élu domicile sur sa figure de faune. L'auréole burlesque qui brille au front des parvenus ne s'éteignait jamais sur son chef branlant.

Il nous jeta dans une foule de dix-huit ou vingt notables, car il n'y a que des notables dans la riche commune de Bulos. « Monsieur, me dit-il, je vous présente mes administrés. Administrés, je vous présente monsieur. »

J'éprouvai un véritable plaisir à considérer de

près un groupe un peu nombreux de paysans des Landes. De tous les sujets d'étude que le voyageur rencontre sur son chemin, le plus curieux comme le plus varié, c'est l'homme. Non-seulement les peuples diffèrent entre eux, mais chaque fraction d'un grand peuple se distingue par une physionomie propre et quasi personnelle. Les traits de cette figure à mille têtes échappent aisément à l'observateur qui s'établit dans une localité pour y finir sa vie ; il est placé trop près pour voir les gens dans leur ensemble ; il connaît trop bien les individus pour saisir l'aspect de la foule : c'est un myope condamné à ne percevoir que les détails. Mais le voyageur qui passe vite, sacrifiant de parti pris tout le menu des choses, embrasse d'un coup d'œil les traits généraux d'une population comme les grandes lignes d'un paysage. M. Prosper Mérimée n'a fait que traverser la Corse, et il nous l'a rapportée en bloc dans *Colomba*. Henri Beyle, esprit puissant, observateur profond, nous a rapporté l'Italie en miettes, parce qu'il y avait demeuré trop longtemps.

Ceux qui ont eu l'avantage de voir la France à vol d'oiseau ont dû remarquer comme moi une douzaine de variétés bien distinctes dans le peuple le plus spirituel du monde. Il est impossible de traverser l'Alsace sans rendre grâce à la nature qui a pris soin d'aligner sur la frontière du Rhin toute une armée de cuirassiers solides, faits pour monter à cheval et courir à la guerre aveuglément, sans demander pourquoi. Il est difficile de parcourir la basse Bretagne sans regarder avec curiosité ces grands Celtes blonds, derniers restes du pur sang de la Gaule, qui marchent au progrès quand on les y pousse, et retournent à chaque instant la tête en arrière, comme s'ils avaient oublié quelque chose. Les grands appétits des paysans de la Flandre, la finesse traînarde et pesante des villageois normands, l'entreprise et l'entregent des Comtois, le nonchaloir élégant des Tourangeaux, la violence sanguine des riverains du Rhône, sont des traits que la civilisation égale d'un pays centralisé n'a pas encore effacés dans les campagnes. Les habitants de la Creuse, lorsqu'on les voit chez eux, paraissent créés et mis au monde pour manger des châtaignes et bâtir des maisons; et il y a peu de villageois en Auvergne qui ne semblent prédestinés aux travaux de la chaudronnerie. Les Landais de la Gironde, autant que j'ai pu saisir leur physionomie générale, forment une des populations les plus françaises de la France. Bien faits et bien pris, quoique la nature ait un peu ménagé l'étoffe, spirituels même quand ils ne savent pas lire, courageux avec une pointe de forfanterie gasconne, vifs sans être violents, ardents au travail, infatigables au plaisir, ils portent légèrement le poids de leurs misères passées, et la faim qu'ils ont soufferte pendant plusieurs siècles n'a pas imprimé sur leurs têtes fières un sceau d'abrutissement. Ils sont tous taillés plus ou moins exactement sur le patron de maître Pierre. Ils ne sont donc point parfaits, et comme aux Athéniens d'avant Périclès, il leur reste quelque chose à gagner.

Le maire faisait la roue au milieu de son peuple, en homme heureux de s'étaler dans toute sa gloire. Il s'entretenait familièrement, tantôt avec l'un, tantôt avec l'autre; mais quel que fût son interlocuteur, il parlait assez haut pour être entendu de tout le monde. Je crus remarquer dans la contenance de ses sujets un singulier mélange du respect qu'on doit à l'autorité et de la malice qui se prend aux ridicules de l'homme. L'assistance ne se composait plus de gens acquis et enrégimentés comme les convives de la veille. C'était le public des secondes représentations, celui qui ne reçoit point de mot d'ordre et qui paye le droit de juger librement. Aussi le nom de maître Pierre revenait-il souvent sur le tapis, quoique le président ne l'eût pas inscrit à l'ordre du jour.

« Oui, mon cher contemporain, disait le maire à un vieillard de son âge, on parlera de nous à Paris, et monsieur que voici racontera aux indigènes de la capitale les belles choses que nous avons faites à Bulos.

— Nous! répondit le vieillard : ce n'est pas à nous que l'honneur en revient. Tout ce que nous avons fait de mieux, c'est de laisser faire. M'est avis, au moins.

— Nous, moi, toi, lui; le pronom pronominal est de peu de conséquence.

— Lui, à la bonne heure. Ah! monsieur, poursuivit le bonhomme en se tournant vers moi, qui est-ce qui aurait prévu ça, le voyant si petit! Il était gros comme le poing, que j'avais déjà un fils à l'armée. Encore un peu, c'était moi qui le ramassais à la porte du docteur. J'ai passé quand la servante le tenait dans ses bras en criant : « A qui l'enfant? » Pauvre petit Pierre!

— C'est bon! c'est bon! interrompit le maire. Tu nous as déjà conté cela, vieux répétiteur! » Il se tourna vers un jeune homme et lui dit : « Vous êtes heureux, vous autres bambins! Vous trouvez votre pain tout cuit, dans ma commune.

— Oui, monsieur le maire, et le petit roi des landes nous a planté du bois pour chauffer le four.

— Roi toi-même, galopin! » Le maire se rejeta sur moi et me dit : « Celui-ci sait lire, écrire et compter; c'est un érudit dans mon genre. La jeune génération cherche à s'instruire, et sauf un certain nombre d'illettrés qui font tache....

— Mon Dieu! monsieur le maire, dit un petit

homme à figure réjouie, c'est bien heureux pour nous tous que maître Pierre n'ait pas su compter!

— Certainement, reprit un autre. Il serait plus riche et nous le serions moins.

— Tu ne sais pas ce qu'il a, d'abord. Est-ce que tu as compté avec lui?

— Pas plus qu'avec vous, monsieur le maire.

— Qui est-ce qui te dit qu'il n'est pas plus riche que moi?

— Au fait, c'est bien possible. Faut qu'il soit plus riche que vous, puisqu'il est plus donnant.

— Ils sont gais, me dit le maire à demi-voix; je les entretiens en belle humeur, et je ne dédaigne pas de rire moi-même avec eux. Je ne sais pas si le maire de Paris trouve le temps de rire avec ses administrés. J'ai bien peur que le temps lui manque. Mais à Bulos, c'est tout à fait campagne, comme vous voyez.

— Monsieur le maire, lui demanda un des assistants, c'est donc vrai que le fils Tomery de Bordeaux voulait nous enlever Marinette?

— Oui, mes enfants, mais moi je vous l'ai conservée.

— Oh! n'ayez pas peur, maître Pierre ne l'aura t pas laissée partir. Pauvre fille! C'est elle qui aurait été malheureuse à Bordeaux! Vous savez qu'ils ferment les femmes?

— Vraiment? fit l'assistance.

— Oui. Ils commencent par leur ôter leurs échasses, pour qu'elles ne puissent plus se sauver. Ils les font garder par des domestiques en uniforme; ils les promènent dans des voitures à couvercle, comme qui dirait des boîtes; ils les mettent au spectacle dans une armoire qui ferme à clef, et lorsqu'ils les laissent sortir seules dans la rue, ils leur attachent une cage autour de leur pauvre corps.

— Si tu savais la loi, dit le maire, tu ne proférerais pas de semblables sornettes. La femme est libre de faire tout ce qu'elle veut, pourvu qu'elle obéisse en tout à son mari; et elle peut aller où bon lui semble, dans les limites du domicile conjugal. »

Quelques notables s'étaient groupés autour de Marinette. Les uns la louaient d'avoir voulu rester paysanne; les autres la félicitaient de son prochain mariage avec maître Pierre. La pauvre fille tenait tête à tout le monde et essuyait en face les propos les plus saugrenus.

« Vive la joie ! nous verrons une belle noce.

— Il faudra bâtir une grange tout exprès, pour loger deux départements.

— Moi, je ne me suis pas grisé depuis le baptême de mon petit, mais le jour de ton mariage, je ne ferai ni une ni deux : haut le coude !

— Moi, je remettrai des cordes neuves à mon violon.

— Si le préfet était bon enfant, il enverrait les violons du grand théâtre.

— Du tout! ils nous feraient trop d'arias. Quand il y a plus d'un violon qui joue à la fois, je ne sais plus comment poser le pied par terre.

— Ah! Marinette, mon enfant, c'est ce jour-là que tu verras du nouveau.

— Tout beau, tout nouveau, dit le proverbe.

— Moi, je t'attends au lendemain.

— Après tout, on parle peut-être sans savoir. Ça sera-t il si tant nouveau qu'on le dit, eh! Marinette?

— Qu'est-ce que ça nous fait? Une goutte d'eau bénite ne gâte pas un verre de bon vin.

— C'est égal, tu peux te vanter d'épouser un fier homme.

— Elle le sait bien. »

La pauvre fille laissait tourner sa petite tête comme une girouette et payait d'un sourire hébété les propos bienveillants de ses amis.

XV

PROMENADE EN BATEAU SUR L'HERBE.

Il n'est si bonne compagnie qui ne se sépare à la fin. La nuit tombait ; il fallut rentrer au logis. Le peuple nous y ramena ; maître Pierre nous y attendait. Il était gai, frais et dispos comme un homme qui sort du lit, quoiqu'il eût pataugé dans l'eau depuis le matin.

« Vous paraissez tout content, lui dit Marinette.

— Oui, répondit-il ; la lande se porte bien »

Marinette fronça le sourcil comme une maîtresse qui entend l'éloge de sa rivale,

Le souper fut sommaire; nous étions tout à fait en famille. Les filles et les gendres mangeaient chez eux, et nous nous trouvions juste en nombre pour jouer aux quatre coins. Le maire, qui voulait garder son prestige à mes yeux, demanda des comptes à maître Pierre et le questionna sur ses opérations de la journée. Malheureusement, il le prit un peu trop haut. Son pupille lui fit sentir, sans toutefois se mettre en colère, qu'il n'est pas séant de questionner les rois. « Mon cher tuteur, lui dit-il, assez joué la comédie, puisque nous sommes entre nous. A qui voulez-vous en faire accroire? Ce n'est ni à votre femme ni à Marinette. Ce n'est pas à moi qui vous connais comme si je vous avais élevé. Et de fait, votre éducation m'a donné assez de mal. C'est donc à monsieur? Je m'en doutais. Vous éprouvez le besoin d'être imprimé tout vif dans les gazettes de Paris. Mais de deux choses l'une : ou monsieur est une bête, et ce qu'il écrira n'aura point de portée; ou il a le sens commun, et il sait déjà lequel de nous deux est l'homme. Soyez donc raisonnable, et contentez-vous de la part que je vous ai faite. Vous êtes riche, vous êtes maire, et l'on vous prend au sérieux à quatre lieues d'ici.

« Je ne vous marchanderai jamais ni l'argent, ni les honneurs, parce que j'ai une ambition plus haute; mais s'il y a un peu de gloire à récolter, ne me la coupez pas sous le pied, je vous prie. Vous m'avez déjà fait, sans reproche, assez de tort. Avec les bâtons que vous avez mis dans mes roues, on ferait un joli fagot. Le plus gros crime que j'aie sur la conscience, c'est vous qui me l'avez imposé : pauvre petit cheval gris! Hier, vous m'avez fait souper avec des gens qui n'étaient pas de mon goût. Aujourd'hui, vous enjôlez un monsieur que j'ai commencé et qui peut me servir à Paris. Tout cela n'est pas trop bien, et je méritais autre chose. Je ne veux pas me venger de vous, même par la peur, attendu que vous êtes vieux; je ne vous ferai pas de menaces. Mais souvenez-vous de ces marionnettes de la foire qui représentaient des rois et des reines: quand la main qui les faisait vivre se retirait de dessous leur robe, elles n'étaient plus que des chiffons.

— Sur quoi donc as-tu marché ? demanda le maire. Je te trouve aujourd'hui bien impromptu.

— J'ai marché sur les joncs du marais pour étudier le chemin que nous allons faire, car nous partirons demain matin pour le bassin d'Arcachon.

— Par les marais !

— Par les marais et les étangs.

— Ah ça, tu es donc jaloux comme les chattes, qui étranglent leurs petits quand un étranger les a touchés? Je vous assure, monsieur, qu'il y a péril de mort, et si vous êtes prudent vous attendrez ici le retour de maître Pierre.

— Et moi, monsieur, me dit maître Pierre, je répond de vous sur ma vie. Ayez seulement un peu de confiance, et vous pourrez vous vanter d'avoir fait un voyage que les Landais eux-mêmes n'ont pas encore essayé. »

Son assurance m'enhardit. Cependant je demandai à comprendre l'utilité d'une telle escapade. « Il faut, répondit-il, que vous connaissiez nos marais, et que je vous explique sur place le tracé du canal de M. le maire.

— J'en suis donc toujours ? demanda le vieillard.

— Du voyage ?

— Non, du canal ?

— A condition que vous n'irez plus sur mes brisées, que vous ne chercherez plus à me dérober mes amis, et que vous ne me forcerez plus de souper avec les vôtres. »

Il me fit lever le lendemain au petit jour. Le maire avait le cœur bien gros en me disant adieu. Le pauvre homme m'embrassa sur les deux joues et me glissa ces mots dans l'oreille : « Je prierai pour vos jours; pensez à ma gloire ! »

Je ne m'embarquai pas sans quelque souci, car j'ai mes raisons pour tenir à la vie. La sérénité du ciel et la bonhomie apparente de l'étang de la Canau me rassurèrent pendant une demi-heure. Lorsque maître Pierre quitta les avirons pour nous introduire à coups de gaffe dans le chenal qui conduit à l'étang de Batéjin, cette manœuvre, qui n'était pas nouvelle, ne m'inquiéta nullement. Mais il arrêta tout à coup la marche du bateau, se pencha sur l'avant, pencha ses bras dans l'eau fangeuse et arracha un piquet dont la grosseur me donna à réfléchir.

« Voilà le danger, me dit-il. Nos pêcheurs, qui n'ont jamais entendu parler des lois, plantent leurs filets où bon leur semble. Ils installent leur petit appareil au milieu du chemin, et le passant pourrait bien s'y laisser prendre. Si ce piquet avait fait son trou dans mon bateau, nous allions droit au fond du filet, ni plus ni moins que des anguilles, car on ne peut ni nager ni courir dans cette boue plantée de roseaux. Considérez, en outre, que nous avons deux kilomètres de marais à droite, autant à gauche, et toujours comme ça jusqu'au bassin d'Arcachon.

— Diable! Et serons-nous bientôt arrivés?

— Dans cinq heures, cinq heures et demie, si nous ne nous égarons pas en chemin.

— On peut donc s'égarer?

— Oui, lorsque le chenal est caché sous les herbes. La première fois que j'ai passé par ici, j'étais comme les Russes en hiver, lorsqu'ils cherchent leur chemin dans la neige. Mais attendez que nous ayons passé l'étang de Langrane. C'est là que vous verrez du curieux. »

En attendant, la gaffe nous poussait rapidement dans un chenal assez large et assez propre qui unit l'étang de la Canau à l'étang de Batéjin. L'étang de Batéjin se laissa traverser sans encombre. Maître Pierre m'expliqua la distribution des eaux sur le littoral du département. Entre la Gironde au nord et le bassin d'Arcachon au sud, s'étend une longue nappe tantôt liquide, tantôt marécageuse. La principale masse d'eau se compose des étangs d'Hourtins, de la Canau et de Batéjin ; elle occupe un plateau central situé à égal distance du bassin d'Arcachon et de la Gironde. Ces trois étangs ont un niveau commun. Leur trop-plein se déverse au nord dans le Pelou et les marais du Gâ qui communiquent tant bien que mal avec le fleuve ; au sud, il coule successivement dans les étangs de Batourtot, de Laugrane, d'Hourbieil et de Langouarde.

— Par où l'eau s'en va-t-elle ? demandai-je à mon guide. N'est-ce pas par le même chemin que nous ?

— Précisément.

— Mais alors, comment un canal peut-il être nécessaire ? A quoi bon chasser un ennemi qui s'en va ?

— A le faire filer plus vite. Le chenal est étroit, tortueux, et encombré de hautes herbes. Le canal sera large, droit et net. Le courant circule difficilement dans un passage d'un mètre et demi, dont les herbes lui disputent les trois quarts ; il s'en ira grand train par un conduit de douze mètres de large. L'eau qui infecte les marais du voisinage est celle qui est restée en route, faute de place pour passer. Dès que les chemins seront ouverts, vous la verrez s'égoutter prestement dans le bassin d'Arcachon, c'est-à-dire dans la mer. Est-ce compris ?

— A merveille. Et vous êtes sûr du résultat ?

— Aussi sûr que de vider une bouteille quand le goulot est en bas et que j'ôte le bouchon. »

Nous entrions dans le conduit sinueux qui va de Batéjin à Batourtot. Maître Pierre appela mon attention sur les produits du marais. Aussi loin que la vue pouvait s'étendre, on n'apercevait qu'une éternelle et plate immensité, hérissée de carex, de joncs et de roseaux. « Voici, me dit-il, mes prés futurs. Je vous ai dit que j'en aurais vingt-mille hectares, et je tiendrai parole. Sur ce total, il y en a dix mille qui sont entièrement couverts par les eaux, et dix mille qui ne sont qu'ennuyés par les plantes aquatiques.

— Mais si vos chiffres d'hier soir sont exacts, vous allez faire une fortune scandaleuse.

— Mes chiffres d'hier soir ? Il faut bien en rabattre quelque chose. J'avais mes raisons pour enfariner la bouche à ces gaillards-là. Je ne leur ai pas dit que les dépenses seraient énormes, et la plus-value presque impossible à percevoir. Vous ne connaissez pas les paysans ; si je leur fais cadeau d'une pièce de cinq francs en leur disant : Rends-moi cinquante sous, ils s'imaginent que je leur vole leur monnaie. »

Maître Pierre me conta ce qu'il avait l'intention de faire pour améliorer le terrain qui lui appartenait en propre. Ses projets ne manquaient pas de grandiose. Il comptait s'approvisionner d'engrais dans toutes les maisons de Bordeaux, traiter les substances animales par le sulfate de fer pour concilier les intérêts de la culture avec les susceptibilités de l'odorat ; préparer des composts de bauge et bruyère; arroser l'herbe avec du purin ; que sais-je ? Il ne craignait plus de prêter à la terre, du jour où la terre serait en mesure de rendre.

Je lui demandai si le canal sur lequel il fondait sa fortune ne s'étendrait pas un jour depuis l'Adour jusqu'à la Gironde. Son attention me paraissait un peu trop exclusivement concentrée entre Bulos et le bassin d'Arcachon. Je craignais de le voir oublier son royaume au profit de son village, comme Louis XIV préférait quelquefois Versailles à la France.

Il m'expliqua pourquoi un canal de desséchement est inutile dans le département des grandes Landes. Là, les étangs du littoral communiquent avec la mer, et tout homme qui a pris la peine d'assainir son champ sait où jeter les eaux du drainage, car la nature a fait les frais des grands conduits collecteurs.

Ce travail n'est pas fait au nord, entre Hourtins et la Gironde; il est même assez difficile à faire. La disposition du pays est beaucoup moins simple qu'entre Hourtins et Arcachon. Les marais du Gâ reçoivent les eaux qui descendent des dunes, celles qui viennent de la lande, celles qui débordent de l'étang d'Hourtins et celles qui tombent du ciel. Pour comble de disgrâce, le niveau du Gâ est au-dessous de l'étiage du fleuve à la marée haute. Maître Pierre me prouva qu'il avait songé à tout, et que son bon vouloir impartial ne sacrifiait pas un canton à l'autre. Il m'exposa en quelques mots un projet ingénieux qui devait assainir à leur tour les malheureux marais du Gâ. Il les soulageait déjà en rejetant le trop-plein de l'étang d'Hourtins sur le versant d'Arcachon. Il les protégeait contre les eaux de la dune et de la lande, en les entourant d'un canal de ceinture qui se vidait dans la Gironde. Enfin, pour évacuer les eaux pluviales, il établissait à l'extrémité des marais, sur la rive méridionale du fleuve, un clapet ouvert à la marée basse et fermé à la marée haute. Ce vaste plan, étudié dans ses moindres détails et venu à parfaite maturité dans l'esprit de mon sauvage, demandait plusieurs années de travail; c'est pourquoi il l'avait ajourné. Il espérait que le succès de sa première entreprise disposerait tous les esprits à accueillir favorablement la seconde. Dans le cas où les produits de l'une seraient absorbés par les dépenses de l'autre, il en faisait son deuil à l'avance. Mais son désintéressement n'allait pas jusqu'à sacrifier la part de gloire qui pouvait lui revenir. Il avait permis au maire de Bulos de baptiser l'église et les puits du village, mais il désirait formellement que le grand canal de dessèchement s'appelât à tout jamais *canal de maître Pierre*. C'était le seul de ses profits qu'il ne voulût partager avec personne.

« Voyez-vous, monsieur, me disait-il en ramant sur l'étang de Langrane, m'est avis que les rois des hommes sont ceux qui ont laissé quelque chose de bon derrière eux. Ce n'est pas la peine de venir au monde si nous devons le quitter comme il était avant nous. La terre d'ici-bas devait être une rude pétaudière du temps que les hommes n'avaient pas encore mis la main à la pâte; je suis bien aise de n'avoir pas vécu dans ces jours-là; car enfin, les maisons ne se sont pas faites toutes seules, non plus que les fusils pour tuer les loups. On ne trouvait certainement pas des arbres à revendre, car il faut se donner du mal pour faire pousser un arbre. Je suppose qu'il s'est rencontré de temps en temps des gaillards dans mon genre, et c'est heureux pour l'espèce. L'un aura tué les loups à coups de bâton; l'autre aura construit une baraque; un malin aura fabriqué la serrure. Un frileux a cousu les habits, tandis qu'un affamé faisait du filet pour les poissons. Celui qui a inventé le pain et celui qui a planté la pomme de terre ont sauvé la vie à autant de familles qu'un évêque en bénirait. Pour ma part, j'aurai fourni du bois, de la viande et du pain à cinquante mille hommes, mais je veux qu'ils le sachent, mordioux! Si je savais les noms de tous les vieux inventeurs, je les mettrais tous ensemble dans un bout de prière que je dirais soir et matin. Ils ont eu la sottise de se laisser oublier, mais moi, pas si bête! »

Il se pencha sur l'eau, arracha un piquet planté par les pêcheurs, et poursuivit :

« Vous n'avez jamais réfléchi combien il y a de gens qui vivent et meurent inutiles? J'excuse les pauvres; quand on a tiré le diable par la queue durant une soixantaine d'années, on a le droit de se croiser les bras entre quatre planches, et c'est un repos bien gagné. D'ailleurs les pauvres ne sont jamais entièrement inutiles, attendu qu'ils sont forcés de travailler. Un tourneur en chaises ou un ouvrier en boutons de guêtres laisse après lui de quoi asseoir ou équiper la génération suivante. Mais les trois beaux messieurs d'hier n'en feront jamais autant. Et cependant, s'ils voulaient m'entendre, je leur fournirais une bonne recette et je leur apprendrais un joli secret pour ne pas mourir inutiles. Chaque fois qu'il vous arrive un enfant, vous pensez à son avenir, n'est-il pas vrai? Si c'est un garçon, il faudra une bonne somme pour l'établir; si c'est une fille, il n'est jamais trop tôt pour s'occuper de la dot. On économise donc. Autrefois, on plaçait quelques louis d'or dans une tirelire; on rechargeait la somme tous les ans, et le jour où l'enfant était grand, le magot voyait le soleil. C'était une bonne idée, mais un peu bête aussi, comme toutes les vieilles choses. Maintenant on fait mieux : on donne trois ou quatre mille francs à une compagnie d'assurances, et si l'enfant vient à bien jusqu'à vingt et un ans, la compagnie vous rend trois ou quatre fois ce que vous lui avez donné. Mais si l'enfant déménage pour l'autre monde, ce n'est ni son frère ni sa sœur qui hérite de lui; c'est la compagnie. Et d'ailleurs que sort-il de toutes ces affaires-là? De l'argent et pas autre chose. C'est des pièces de cent sous qu'on met ensemble pour leur faire faire des petits. Ah! monsieur, si l'on m'en croyait! le père de famille, chaque fois qu'il lui naît un enfant, achèterait un terrain stérile, marais, lande ou rocher, dans la proportion de ses moyens, depuis un are jusqu'à mille hectares, et il y planterait des arbres. De cette façon, la dot des enfants pousserait avec eux, et les bambins deviendraient riches à mesure qu'ils se feraient hommes. Ils n'en vivraient ni plus ni moins longtemps, mais au moins ils ne mourraient pas inutiles, puisqu'ils laisseraient quelque chose après eux. Essayez de ma méthode, elle peut s'appliquer partout, car il y a partout des terrains incultes. Vous verrez qu'avant cent ans la terre entière sera semée ou plantée; personne ne manquera de rien; le bois, le pain et les fruits seront en telle abondance, que les hommes en auront de reste et qu'il faudra en exporter dans la lune.

— C'est bien parlé, mon ami, dis-je au rêveur; mais permettez-moi d'interrompre votre poésie par une question en prose. Je ne vois pas où nous allons!

— Où nous allons? répliqua-t-il avec sa vivacité méridionale; où nous allons? mais au progrès, au bonheur des riches, à la satisfaction des pauvres, au mieux de toutes choses!

— Vous ne m'entendez pas. Je vois bien où vos idées peuvent nous conduire; mais votre bateau va nous jeter à la côte. Passez-moi la gaffe, ou nous échouons! »

Il sourit silencieusement : « N'ayez pas peur, dit-il, et ramez toujours. Encore deux bons coups! Là! nous voici dans le chenal et nous allons naviguer sur l'herbe. Laissez aller les avirons; je me charge de tout. »

Quoiqu'il parlât avec son assurance accoutumée, je ne pus m'empêcher de jeter autour de nous un regard inquiet. Entre l'étang de Langrane et celui d'Hourbieil, le chenal, plus tortueux que jamais, est entièrement caché sous les herbes. Il faut avoir l'œil de faucon, tant prôné chez les sauvages, pour lire les sinuosités du chemin à travers cette plaine uniformément verte. A peine un reflet d'argent échappé entre les larges feuilles des nénufars annonce-t-il de temps en temps la présence de l'eau. Cependant le bateau marchait; les joncs et les roseaux se couchaient sur le passage de la proue, et nous avancions lentement, sans autre guide et sans autre moteur que l'instinct et la gaffe de maître Pierre. Marinette embarqua le gouvernail, qui n'aurait servi qu'à nous retarder en s'accrochant aux grandes herbes. Cette promenade dura tout près d'une heure, et, quoiqu'elle fût assez originale pour me séduire, je respirai du fond des poumons en débouchant dans l'étang d'Hourbieil. Maître Pierre me fit admirer les avantages de son bateau, qu'il avait construit lui-même pour tous les usages. C'était la seule embarcation du pays qui pût naviguer indifféremment sur les étangs, les marais et le bassin d'Arcachon, à la gaffe, à la rame, à la voile et par tous les temps imaginables. Ce bateau propre à tout avait emprunté quelque chose de la physionomie de son maître ; aussi les Landais savaient-ils le reconnaître de loin. Et cependant aucun constructeur du pays n'avait encore songé à le prendre pour modèle, quoique maître Pierre ne fût avare ni de ses bras ni de ses conseils. En cela, comme en toute chose, la routine tenait tête au progrès.

L'Aventr déboucha triomphalement dans l'étang de Langouarde. Il était onze heures du matin. Durant une si longue traversée, nous n'avions aperçu à l'horizon que le clocher du Porge. L'église de Lège commença à poindre devant nous. Marinette remit le gouvernail, et Maître Pierre hissa la voile.

« En trois bordées, me dit-il, nous serons à terre et vous toucherez à la dernière limite de nos marais. Je vous ai dit que les eaux s'étaient creusé un lit naturel jusqu'au bassin d'Arcachon. L'étang et les marais de Lillet sont complétement desséchés grâce à cette circonstance, et les marais de Langouarde sont même un peu soulagés. Vous verrez par vos yeux comme la terre de nos bas-fonds devient belle et bonne, dès qu'elle est débarrassée de la présence des eaux. »

Je m'apprêtais à cette vérification, et nous n'étions plus qu'à un demi-quart de lieue du bord, lorsqu'un choc violent m'ébranla des pieds à la tête. Le bateau recula brusquement comme si une baleine l'avait frappé d'un coup de queue, et au même instant un jet d'eau gros comme le bras jaillit au milieu de nous. Marinette poussa un cri, je me sentis pâlir; nous allions sombrer sous voile. Maître Pierre arracha sa veste, s'accroupit au fond de la barque et se mit à aveugler la voie d'eau en lançant une bordée de jurons à l'adresse des pêcheurs d'anguilles qui laissent traîner leurs pieux dans les étangs.

Il se planta debout au milieu de la barque, et appuya de tout son poids et de toute sa volonté sur le lambeau de laine qui nous séparait du naufrage.

L'eau soulevait sa veste et montait rapidement malgré tous ses efforts. Je voyais approcher le moment où nous serions tous à la nage, et, pour plus de prudence, j'ôtai ma cravate et mon paletot. Marinette tenait le gouvernail, moi l'écoute ; nous étions tous dans l'eau à mi-jambe, et le bateau appesanti ne marchait pas vite, quoique la brise eût fraîchi. A deux cents mètres du rivage, au milieu même d'un danger assez pressant, je ne pouvais m'empêcher d'admirer maître Pierre, trépignant sur l'élément maudit qu'il avait combattu depuis l'âge d'homme. Cet accident ridicule m'apparaissait comme le duel du cinquième acte où les dramaturges du boulevard ménagent, avec leur habileté bien connue, un coup d'épée pour le vice et un feu de Bengale pour la vertu.

« Vous ne savez donc pas nager? » lui dis-je à cinquante brasses du bord.

Il répondit d'un ton qui cachait mal son angoisse : « Moi! je nage comme un liége. Mais *elle* ne sait pas. »

Elle lui lança un regard où la reconnaissance et l'amour avaient plus de part que la crainte du danger. « Vous m'aimez donc? » dit-elle. Le singulier petit homme ne répondit que par le juron de son père le sergent : « Touche pas! ça brûle! »

Marinette ne fit point d'objections. La petite sauvage mit la barre à tribord, sans prévenir personne. Le bateau tourna à moitié sur lui-même, la voile battit contre le mât, maître Pierre perdit l'équilibre, l'eau monta jusqu'au bord, et je me sentis couler tout doucement.

Je vous avouerai entre nous que je sais nager pour un, mais non pour deux, et que je serais assez médiocre dans le rôle des chiens de Terre-Neuve. Je gagnai la rive en ligne directe, fort empêché de mon paletot qui me suivait à la remorque, et je m'intéressai au sort de mes compagnons quand je fus rassuré sur le mien. Il n'y a pas de philanthropie qui tienne : le premier mouvement est toujours égoïste. On commence par gagner le bord, quitte à se remettre à l'eau pour pêcher les autres.

Mais les autres mirent pied à terre aussitôt que moi. Marinette avait une belle occasion de s'évanouir : elle n'en profita point. Je la vis rajuster ses vêtements en silence, tandis que maître Pierre se secouait pour se sécher. Le bateau n'était pas loin du rivage; on voyait la pointe du mât à la surface de l'étang.

« C'est peu de chose, me dit maître Pierre. Sans une fausse manœuvre que j'ai faite, ça ne serait rien du tout.

— Mais vous ne manœuvriez pas, lui dis-je.

— Si, si; je me suis penché du mauvais côté. En route, s'il vous plaît! Il y a bon feu à la forge de Lége; nous y sècherons nos habits.

—Maître Pierre, lui dis-je en prenant son bras, ce n'est pas moi qui ai cherché cette occasion de m'immiscer dans vos affaires; mais, puisque vous me traitez en vieil ami, j'userai librement du privilège que vous m'avez donné.

—Mon ami, répondit-il avec une bonhomie serrée, les vieux forestiers des dunes ont un proverbe sur l'arbre et l'écorce, et je.....

— Il suffit; cependant....

— Demain, tant que vous voudrez. Aujourd'hui nous avons encore à causer d'affaires sérieuses. Je ne souffrirai pas que vous perdiez votre temps qui vaut cher. Le mien a également son prix. C'est pourquoi, promenons-nous comme trois bons amis le long du chenal de Lège. »

Il me fit voir un pays assaini comme par miracle depuis que les eaux l'avaient abandonné. La terre était bonne sur les deux rives et bien cultivée en bois ou en céréales, partout où elle appartenait à des particuliers. Il m'arrêtait tantôt devant une prairie, tantôt sur la lisière d'un champ de pommes de terre. Lorsque nous rencontrions une vaste étendue de terres incultes, il me disait : « Vous n'avez pas besoin de me demander le nom du propriétaire, vous êtes sur le communal. » Il attira mon attention sur une lande immense en largeur et en profondeur, et m'apprit qu'elle s'étendait jusqu'aux portes de Bordeaux. « N'est-ce pas un meurtre? disait-il. Si demain tout cela était à vendre, je trouverais cent acquéreurs pour un, et le défrichement serait commencé dans huit jours. »

Les ouvriers de la forge nous aidèrent à sécher nos habits devant le haut fourneau. Maître Pierre me conta que le minerai des landes était pauvre, comme toutes les productions du pays, et qu'on le mélangeait pour le fondre avec du minerai d'Espagne. Il m'expliqua que ce bel établissement, si utile à cette distance de Bordeaux, n'aurait qu'une existence précaire tant que le cours d'eau qui l'alimente ne serait pas réglé; et revenant à son canal, comme Panurge à ses moutons, il me promit de fournir l'eau à autant d'usines qu'on en pourrait fonder et à toutes les irrigations qu'on voudrait faire.

XVI

LE BASSIN D'ARCACHON.

La forge de Lége est assez loin du village ; maître Pierre nous donna juste le temps de nous y reposer. Il nous conduisit dans la direction du clocher, le long des bords du chenal, sans nous arrêter plus de deux fois en route. Ce fut d'abord pour m'offrir un échantillon de *piballe*, ensuite pour me faire admirer le moulin neuf de M. Lafont. La *piballe*, qui remontait alors de la cour aux étangs, n'est pas autre chose que du frai d'anguilles. Mon guide plongea son béret dans l'eau et le ramena à moitié plein de petites ficelles animées qui se tordaient activement sur elles-mêmes. Ces anguilles microscopiques, lorsqu'il leur est permis de croître à loisir, deviennent quelquefois aussi grosses que le bras d'un enfant. Mais les Landais coupent leur blé en herbe, et toutes les fois qu'ils peuvent ramasser une pannerée de *piballe* fraîche, ils la donnent en pâture à leurs poulets. Maître Pierre cherchait un moyen d'arrêter cet abus ; il me demanda des renseignements sur la pisciculture.

Le titulaire du moulin accueillit mes deux compagnons comme deux enfants bien-aimés. Le père Lafont, ancien soldat de l'Empire, porte un gros tortillon de ruban rouge à la boutonnière de sa veste enfarinée. Il est à la fois le meunier, l'épicier, le commissionnaire et le plus gros cultivateur de la commune. Comme meunier, il prélève la dîme de tous les grains du pays : c'est maître Pierre qui lui a donné l'idée de construire un moulin, et d'ailleurs, sans maître Pierre, il aurait bien peu de chose à moudre. En sa qualité d'épicier, il fait deux fois par semaine le voyage de Bordeaux, et, tout en allant aux marchandises, il transporte à la ville le poisson, le gibier et les autres produits du canton. C'était lui qui vendait autrefois des canards sauvages, des lièvres et des outardes pour le compte du petit Pierre. Le cumul de plusieurs industries lucratives l'a honnêtement enrichi, mais il n'en est pas plus fier. Il nous donna tous les détails désirables sur la prospérité de sa commune, sans se vanter d'en être le père. Il nous conta que Lège était le village le plus riche des environs, parce qu'il ne possédait pas de communal. Il nous montra des parcelles de lande achetées par les paysans au prix de trois cents francs l'hectare, et il nous fit admirer le parti que l'industrie privée en avait su tirer. Mais surtout il ne se lassa point de me dire que maître Pierre était la providence du pays.

Le digne homme voulut absolument laisser le moulin à la garde de son garçon, et nous conduire jusque chez lui. Il demeure à deux pas de l'église sur une place très-propre et plantée de beaux acacias. C'est lui-même qui raconta aux habitants l'aventure qui nous était arrivée, et les jeunes gens de Lége ne se firent pas prier pour réparer tout le mal. Le sauvetage de l'*Avenir* s'organisa immédiatement par voie de prestation volontaire, et les deux charpentiers de la commune se disputèrent à coups de poing l'honneur de raccommoder le bateau. Nous avions une centaine de paysans autour de nous; je parie que sur ce nombre il y en a vingt-cinq qui passeraient par le feu pour obliger maître Pierre. Les petits garçons offrirent de manquer la classe du soir pour repêcher la veste et les échasses que nous avions oubliées.

Il nous fallait une barque pour visiter le bassin d'Arcachon; le syndic des marins d'Arès, qui se trouvait là par hasard, s'empressa d'offrir la sienne. Deux matelots de bonne volonté sollicitèrent la faveur de ramer avec lui. On nous apporta des filets et des tridents pour le cas où nous voudrions égayer la promenade en pêchant quelques éperlans et quelques anguilles. Les provisions de bouche affluèrent autour de nous, comme si nous allions entreprendre un voyage au long cours, et une escorte d'honneur nous conduisait jusqu'à la grève.

La marée était assez basse et l'eau s'était retirée à plus de cinq cents mètres du bord. La plage, mise à nu, étincelait aux rayons du soleil comme un miroir de sel. Quelques bateaux à voiles couraient au large du bassin; quelques autres circulaient péniblement à la rame dans les chenaux étroits, au milieu d'énormes bancs verdâtres. Ces masses épaisses, revêtues d'herbes marines, sont plantées de hautes perches dont maître Pierre m'indiqua l'emploi. C'est à ces poteaux que chaque indigène attache ses filets, depuis le commencement de décembre jusqu'à la fin de février, pour la pêche aux canards. On y recueille tous les matins la volaille imprudente qui a donné tête baissée dans les mailles.

Le bateau du syndic était à flot si loin du rivage, que je ne compris pas à première vue comment nous pourrions nous embarquer. Notre équipage me tira d'embarras en nous offrant ses épaules. Chacun de nous grimpa sur le dos d'un matelot: je ne me souvenais pas d'avoir voyagé ainsi depuis le collége. Maître Pierre se défendit, mais il eut beau faire; on le porta comme un monsieur.

Je m'étonnai d'abord de voir nos montures trotter dans l'eau jusqu'à la cheville au lieu de passer sur les bancs couverts de verdure. Leur choix me paraissait d'autant plus singulier que je voyais bon nombre de pêcheurs d'anguilles se promener, le trident à la main, au milieu des mousses et des varechs. Maître Pierre m'expliqua du haut du syndic que ces masses vertes étaient des bancs de vase admirablement constitués pour engloutir les gens. Les pêcheurs n'y marcheraient pas impunément s'ils n'étaient montés sur de larges patins carrés qui soutiennent l'homme en élargissant sa base. On m'en fit voir deux ou trois qui cheminaient sur leurs planchettes, piquant la vase à grands coups de trident, et traînant à la remorque, au bout d'un fil, les anguilles qu'ils avaient prises. Je demandai à quels signes ils pouvaient deviner une anguille sous la vase. On me répondit que l'instinct, l'habitude et surtout le hasard conduisaient la main des pêcheurs. Mais les anguilles sont en telle abondance dans le bassin que, sur dix coups de trident, on est presque sûr d'en amener une. J'en fis moi-même l'expérience, et après quelques coups d'épée dans l'eau, je sentis frétiller au bout de mon trident une créature vivante. C'est un plaisir assez désagréable, et que je ne recommande point aux délicats.

Il y avait deux heures que maître Pierre était descendu du syndic, et nous ramions à petits coups, avec l'aide du courant. Mon guide me montra du doigt le goulet du bassin, encadré par les dunes.

« Entendez-vous? me dit-il. C'est lui qui gronde là-bas.

— Qui donc?

— Parbleu! l'ennemi, ou l'Océan, car c'est tout un. Vous voyez ce qu'il a fait du pauvre bassin d'Arcachon. Il l'a envasé aux trois quarts, en attendant qu'il le ferme tout à fait. Nous aurions ici de quoi loger toute la marine de France, si l'eau ne manquait pas. Il est question de faire de grands travaux, de creuser des chenaux invariables, mais j'ai peur qu'on n'arrive à rien. Il faudrait un fleuve pour lutter contre la masse de sable qui arrive incessamment par là-bas. Un fleuve! je n'en ai pas sous la main. Cependant, faute de mieux, je crée toujours une rivière. Lorsque mon canal recevra toutes les eaux des Landes, vous pouvez croire qu'il saura se creuser un lit dans le bassin à travers tous ces tas d'ordures. Mes eaux arriveront jusqu'au goulet, et j'imagine qu'elles feront un peu de résistance au sable qui nous envahit de ce côté-là. L'Océan nous envoie l'eau sous forme de nuage, je la lui rends sous forme de rivière, et je le bats à l'entrée du bassin avec ses propres armes. Voyez-vous le tour? »

Les hommes pratiques qui nous avaient portés sur les épaules n'osaient pas se promettre un résultat si miraculeux, mais ils ne doutaient pas que l'écoulement régulier des eaux de la lande, par un canal unique, ne creusât une route large et profonde dans la vase du bassin, au grand profit de la pêche et de la navigation.

Ils pêchèrent une friture d'éperlans pour notre souper, en raisonnant sur l'avenir du pays et les bienfaits de maître Pierre. A la nuit tombante, la mer nous ramena sur le bord.

Marinette se mit au lit sans rien prendre. Elle avait cheminé avec nous depuis midi comme une chose qu'on promène, laissant dire, laissant faire, et regardant le bleu du ciel en fille qui ne s'intéresse à rien. Notre équipage lui avait dit à plusieurs reprises : « Qu'est-ce que tu as? » Car tout le monde la tutoyait, comme l'enfant du pays.

Le lendemain matin, ses yeux rouges annonçaient qu'elle n'avait pas dormi. Elle descendit au moment où maître Pierre faisait atteler une charrette à mon intention. Son bourreau la baisa au front comme à l'ordinaire, et lui dit d'un ton paternel : « Notre bateau est repêché : on a rapporté ma veste et nos échasses. Ce matin, nous irons conduire monsieur à la station de Facture, où il prendra le chemin de fer. Le carrosse à trente-six portières est pour lui, nous l'escorterons sur nos jambes de bois, pour lui prouver que les Landais trottent aussi bien que les chevaux. Il mettra ça dans son livre. »

Marinette jeta sur moi un regard qui voulait dire : Ainsi, vous m'abandonnez!

En ce moment, je me sentais pris d'une telle pitié pour son pauvre amour, que si j'avais été seulement maire ou adjoint, je la mariais séance tenante.

Maître Pierre sifflait entre ses dents, tout en capitonnant à coups de poing la botte de paille qui m'allait servir de coussin. Le peuple de Lége et d'Arès vint lui dire au revoir et demander quand il reviendrait. Il parut flatté de l'accueil et de l'hospitalité de ses sujets, et les paya comme un prince, en bonnes paroles et en poignées de main.

Le chemin fut détestable pendant trois heures; nous ne faisions pas un kilomètre en vingt minutes. Les trois chevaux qui traînaient ma charrette dans des ornières de sable suaient abondamment sous le fouet. Maître Pierre, léger comme une plume qui vole, caracolait sur ses échasses à ma droite. Marinette s'était mise à gauche pour regarder son amant au travers de moi. Lorsque la route devint praticable et que les cahots de la voiture nous permirent de nous entendre, maître Pierre me dit :

« Eh bien ! mon nouvel ami, que pensez-vous de moi ? Suis-je un grand homme ?

— Trop grand, lui répondis-je, car vous avez le travers de vos pareils.

— Et lequel, s'il vous plaît ?

— Ils courent à un but lointain en écrasant leurs proches.

— Mon but n'est pas lointain; j'y touche. Vous avez vu le bien que j'ai déjà fait.

— Sans doute.

— Pas vrai, qu'il y a de quoi remplir un livre?

— Certainement, mais à une condition.

— Dites.

— Vous me permettrez de conter toute votre histoire.

— Pourquoi donc pas? Je n'ai rien à cacher. Vos Parisiens n'ont jamais entendu parler de moi; je suis bien aise qu'ils fassent ma connaissance. Marinette me lira ce que vous aurez écrit. Pardieu! j'ai semé assez de choses pour qu'il soit temps de récolter un peu de gloire.

— Je vous en donnerai tout votre soûl.

— Vous ferez voir la chose à tout le monde, pas vrai?

— Je vous promets vingt-cinq mille lecteurs le premier jour.

— Diantre! Et.... les personnes influentes?

— C'est elles qui auront la primeur de votre histoire.

— Dites donc, pendant que vous y serez, demandez qu'on m'aide un peu. Qu'est-ce que ça vous coûte?

— Rien.

— Tâchez qu'on me fasse mes routes agricoles avec fossés de droite et de gauche.

— Soyez tranquille.

— Ah! Et qu'on me permette de vendre les communaux. C'est de l'argent tout trouvé, ça. Une médaille sans revers, chose rare! Il y aura peut-être des difficultés, à cause de la routine. Mais qui veut la fin veut les moyens.

— Comptez sur moi.

— Je compte aussi sur vous pour mon canal. Vous avez vu s'il était nécessaire.

— Oui. Tout cela peut entrer dans le cadre d'un roman, si l'on y met de la bonne volonté. Celui qui a dit : « Cultivons notre jardin, » y a fait entrer bien autre chose. Mais il me manque un dénoûment, et vous seul pouvez me le fournir. Sans cela, serviteur, rien de fait.

— Dénoûment! Qu'est-ce que c'est que ça?

— C'est la fin de l'histoire.

— La fin.... la fin..., c'est que le pays sera superbe et les hommes sauvés. Trouvez-moi beaucoup d'histoires qui finissent plus richement que ça !

— C'est trop général. Je veux une fin plus personnelle, comprenez-vous? quelque chose qui vous regarde.

— Dites que je finirai par avoir vingt-cinq mille livres de rente; voilà ma fin.

— Ce n'est pas encore ce qu'il me faut. Les romans, voyez-vous, cela finit toujours par un mariage ou par une mort : on n'a que le choix.

— Bigre! c'est que mon testament n'est pas fait, ni mon contrat non plus. J'ai pris mes mesures pour rester garçon pendant quelques années, et vivant le plus longtemps possible.

— Vous avez peut-être raison. Mais au fait, j'étais bien bon de vous tourmenter. Restez vivant, restez garçon! mon dénoûment se passera de vous. Je raconterai que Marinette est morte.

— Ah mais! pas de bêtises! ça porte malheur!

— Je dirai aux Parisiens que votre philanthropie s'est occupée de tout le monde, excepté de la pauvre enfant qui vit pour vous; que vous avez passé comme un nigaud à côté du bonheur; que vous avez violé le plus saint des devoirs, qui est d'aimer ceux qui nous aiment; que vous avez enrichi votre tuteur et tué votre maîtresse. Je leur raconterai que la belle petite abandonnée, après avoir voulu se noyer avec nous, par grand amour pour un ingrat, s'est laissée mourir de chagrin, de consomption et de faim à vos côtés, et qu'on l'enterrait à la Canau le jour où l'on vous portait en triomphe.

— Non, mon ami, répondit-il d'une voix étouffée. Dites-leur que je ne voulais pas me marier avant la fin de mes travaux, pour être à elle sans partage et ne vivre que pour elle : mais que vous m'avez ouvert les yeux et que j'ai pris le bonheur quand il est venu.

— Enfin! » cria-t-elle.

J'arrachai le fouet des mains du cocher et je partis

au galop des trois chevaux sans prendre congé de mes hôtes. Quand je retournai les yeux, un vaste compas se dessinait au milieu de la route : c'était Marinette dans les bras de maître Pierre.

Je revins à Bordeaux; je dévorai tous les livres et toutes les brochures qui traitent de l'assainissement des Landes. Je lus les ouvrages de M. Dosquet, de M. Lavertujon, de M. de Sauiniers, de M. Clerc, de M. le baron Roguet, de M. Tessier et de quelques autres. Les écrivains les mieux informés et les plus compétents ne m'apprirent rien que maître Pierre ne m'eût dit.

Dans l'intervalle de mes lectures, je me promenais par la ville, et mon imagination la voyait déjà transformée par la culture des Landes. Les produits de toute nature affluaient en telle abondance qu'il fallait créer des docks pour les recevoir. On empilait des bois monstrueux pour la charpente et la marine; on roulait des tonnes de résine et de goudron; les sacs de blé s'entassaient dans les greniers; les troupeaux de bœufs se pressaient à la porte des abattoirs. Une nouvelle race de chevaux, presque aussi fine que la race arabe, trottait devant les voitures particulières et publiques, et les grands coursiers de ballade avaient regagné le pays des ombres. Les rues de la ville étaient pleines : la population avait donc triplé. L'industrie, longtemps exilée de Bordeaux, y plantait ses hautes cheminées, au grand ébahissement des négociants tranquilles. Je voyais croître par miracle des fabriques vivantes sur les ruines des palais morts ; et dans l'encombrement des constructions nouvelles, je réservais avec soin une place d'honneur pour y élever la statue de maître Pierre.

Sans échasses, bien entendu.

VIN.

TABLE DES MATIERES.

Dédicace	Page	v
I.	Bordeaux	1
II.	La Canau	17
III.	Les landes	33
IV.	Une enfance orageuse	51
V.	La Pellagre	67
VI.	Les dunes	87
VII.	Histoire du petit cheval gris	103
VIII.	La capitale de son royaume	135
IX.	Le maire de Bulos	153
X.	Ambition	169
XI.	M. Tomery	185
XII.	Propos de buveurs	213
XIII.	Le galant à la noix	237
XIV.	Chagrins d'amour	255
XV.	Promenade en bateau sur l'herbe	275
XVI.	Le bassin d'Arcachon	295

FIN DE LA TABLE.

COULOMMIERS
Imprimerie PAUL BRODARD

Original en couleur
NF Z 43-120-8

www.ingramcontent.com/pod-product-compliance
Lightning Source LLC
Chambersburg PA
CBHW071248160426
43196CB00009B/1210